NATURALEZA SEDUCTORA

fotografía color y luz

Pedro E. Gutiérrez Leal
José Luis Pardo Díaz

@GSoBEE

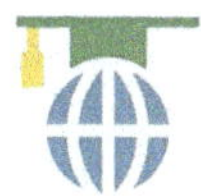

Editado por @GSoBEE
Fotografía: @Pedro E. Gutiérrez Leal
Edición, producción y textos: @JoseLuisPardoDiaz
Consultor en botánica: Jesús Hoyos
(Sociedad Nacional de Ciencias Naturales La Salle)
Corrección de pruebas: Jenny León

ISBN-13: 978-980-18-3056-6 (Libro electrónico)
ISBN-10: 980-18-3056-6 (Libro electrónico)
Depósito legal: MI2022000556

ISBN-13: 978-980-18-3058-0 (Libro impreso)
ISBN-10: 980-18-3058-0 (Libro impreso)
Depósito legal: MI2022000557
Impreso en Estados Unidos

CONTENTS

DEDICATORIA

No podría haber completado este trabajo sin el estímulo y la creatividad de Jenny, mi compañera de toda la vida y mi amada esposa, cuyas sugerencias y correcciones me ayudaron a expresar amor y respeto por la naturaleza.

Gracias, mi amor

EPÍGRAFE

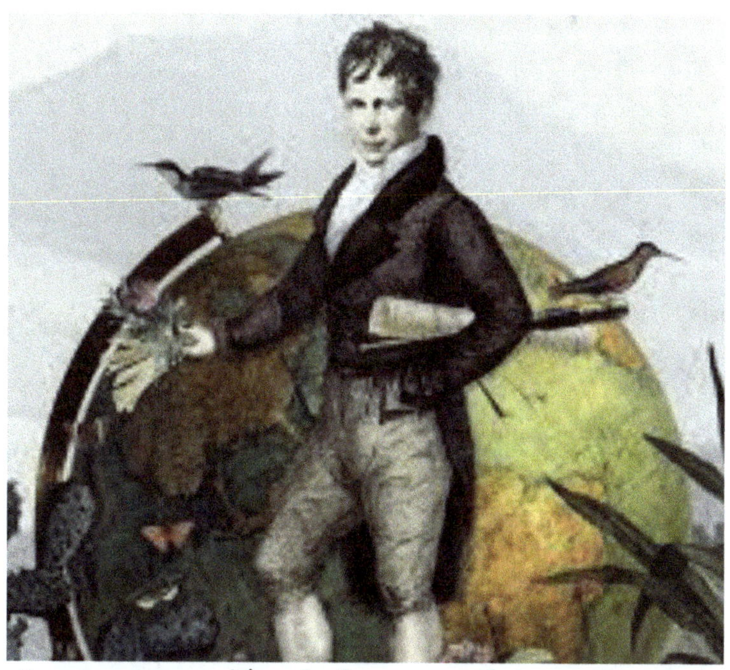

La comprensión de la naturaleza universal proporciona un deleite intelectual y una sensación de libertad que ningún golpe del destino o del mal puede destruir.
Alexander Von Humboldt

PREFACIO

Pedro comenzó a proteger y amar la naturaleza desde su adolescencia. Las montañas, las playas, los parques y jardines eran sus espacios favoritos. Convertirse en Ingeniero Agrónomo y capturar imágenes fotográficas de la naturaleza, cuya belleza lo cautivaba, fueron parte de su vida.

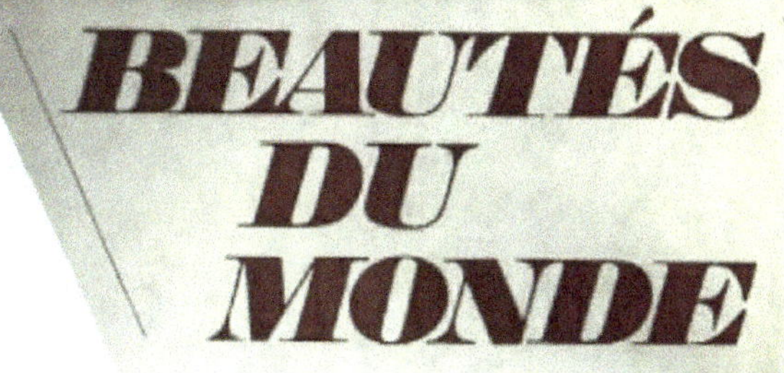

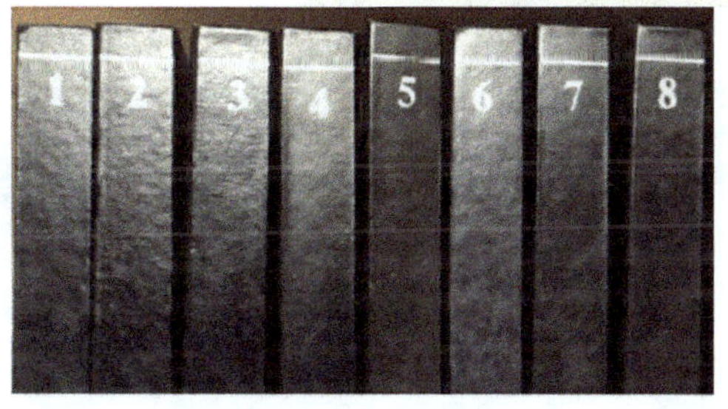

**Maison d'édition Larousse
Bellezas del mundo. París, 1980**

Se doctoró en la Universidad de París 1 *La Sorbonne* y se sumergió en la cultura fotográfica francesa. La foto del pueblo andino de alta montaña Los Nevados, en Mérida, Venezuela, fue publicada en París por *Maison d'édition Larousse* como imagen de dos páginas de *Beautés du monde*[1]. Don Perucho se convirtió, por la puerta grande, en fotógrafo profesional.

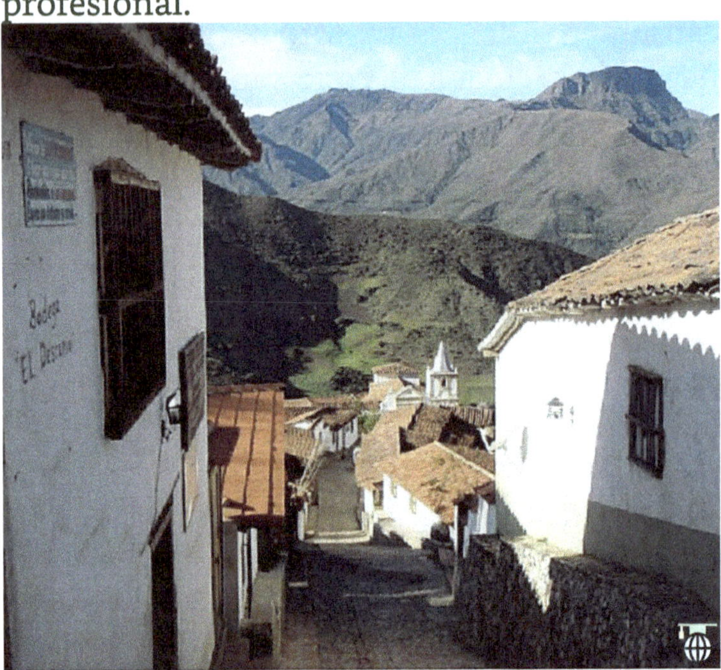

**Pueblo andino de alta montaña
Los Nevados. Mérida, Venezuela**

Varias agencias de fotografía internacionales

publican su trabajo. Ganó gran notoriedad gracias a sus fotos del famoso atractivo turístico Los Aleros que recreaba un pueblo *andino*[2].

Sus fotografías autenticadas adornan las paredes de hogares, oficinas y sitios web de todo el mundo. Trabaja para hacerlos llegar a los interesados, con tecnología *Blockchain*.

Su desempeño profesional como ingeniero e investigador le ha dado grandes satisfacciones, especialmente como docente. El título del que está más orgulloso es **FOTÓGRAFO**.

[1] **Angely, Suzanne y Barraudaud, Jean**. *Beautes du monde*. *L'Amérique du Sud atlantique: Le Venezuela*. p. 6 y 7. Larousse, París, 1980.

[2] **Montero González, Osjanny**. Diarios mandarina. Escritos de Suramérica a Cuba. Así se construyeron Los Aleros,... Libro electrónico. Editorial Urano. España, 2021.

https://GSoBEE.org/contact

I NATURALEZA GENEROSA

1001 Rosa amarilla

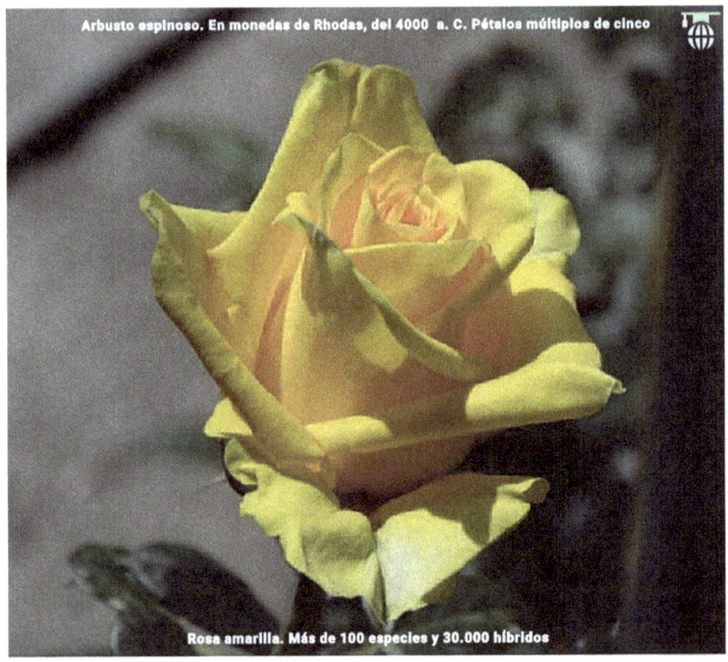

Rica en vitamina C. Útil para la ictericia, epidermis, perfumes y cosmética

https://GSoBEE.org/contact

1002 Margarita blanca

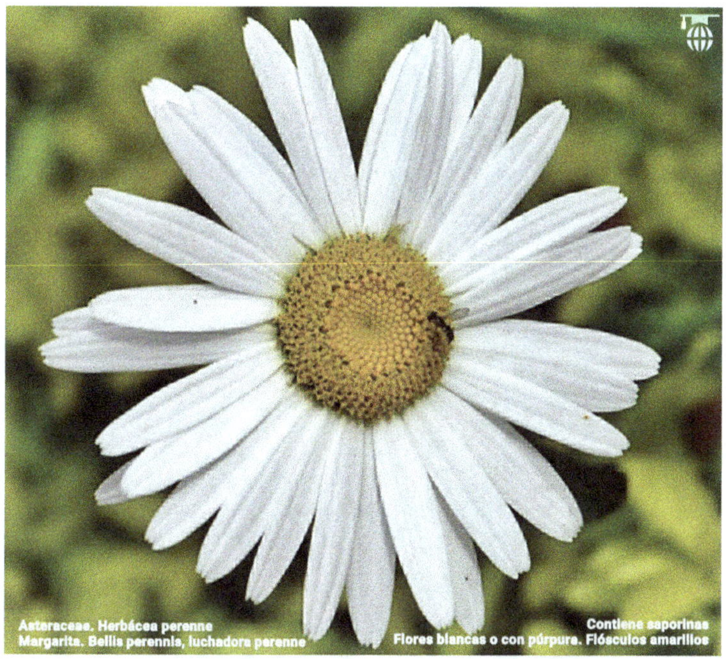

39.213 especies. Todo el globo: alimentos, medicinas, ornamento y aromaterapia

https://GSoBEE.org/contact

1003 Cafeto

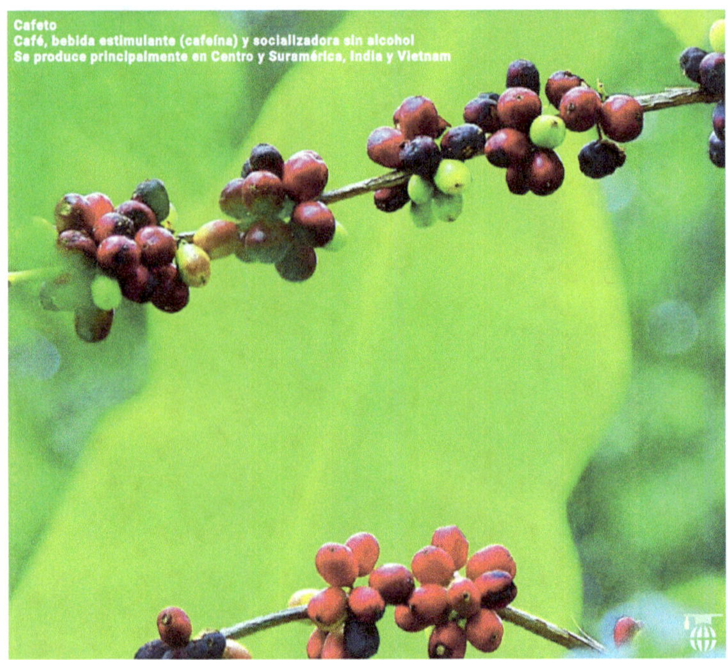

**Dos árboles por habitante del planeta
Producto vital para el mercado global**

https://GSoBEE.org/contact

II PAISAJES DESLUMBRANTES

2.1 Cerro El Ávila

2104 Odalisca rendida

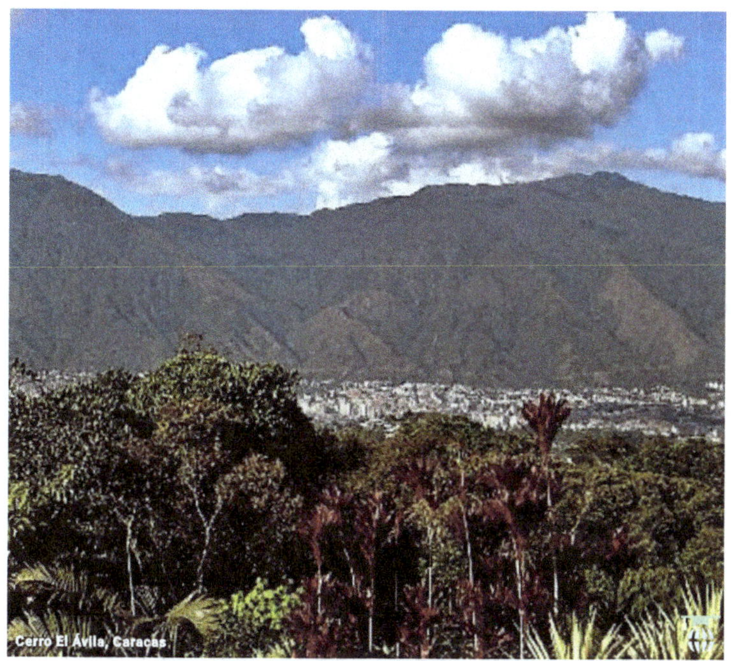

**Caracas… odalisca rendida
a los pies del Sultán enamorado[3]**

https://GSoBEE.org/contact

2105 Pulmón y norte

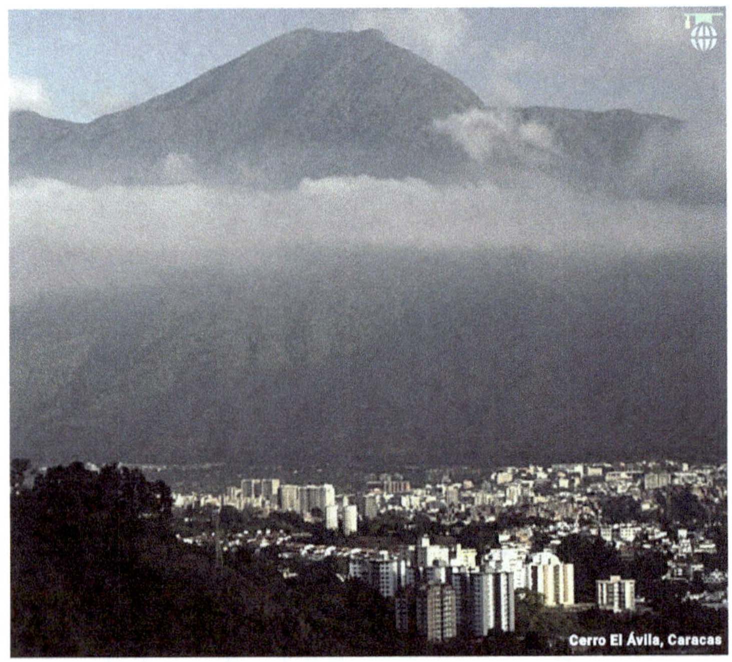

**El pulmón y el norte de Caracas.
Las flores más bellas de Venezuela**

https://GSoBEE.org/contact

2106 Flora y fauna diversa

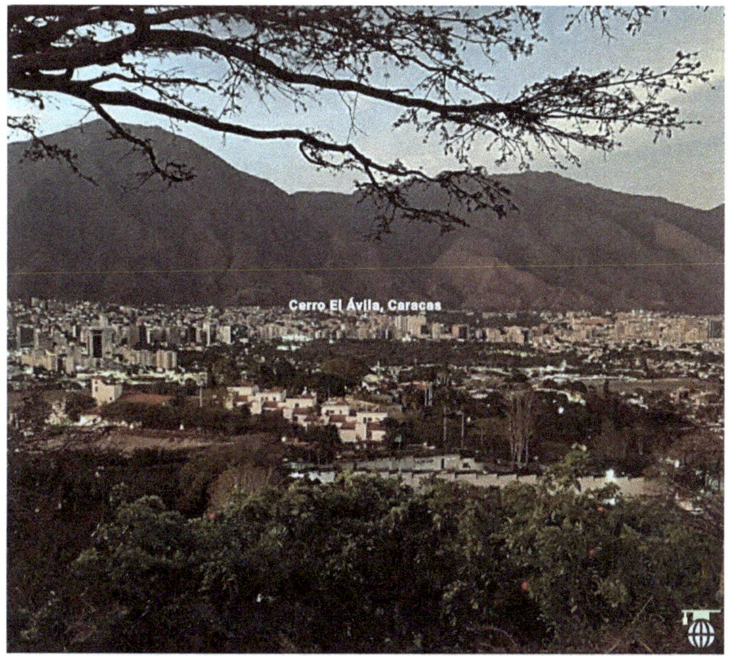

**Flora y fauna de gran diversidad
500 especies de aves, 36% del país**

https://GSoBEE.org/contact

10

2.2 Orinoco sorprendente

2207 Fertiliza y da vida

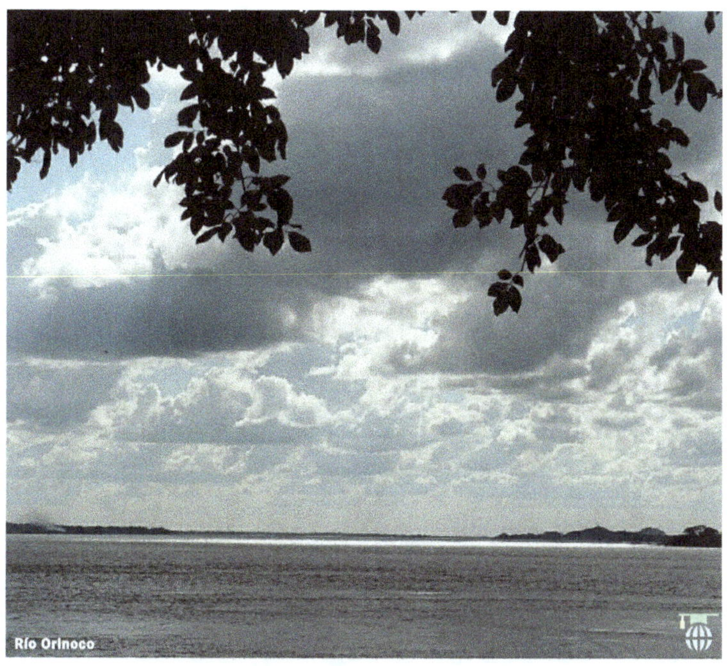

El Orinoco recorre el paisaje, siembra vida y fertiliza la tierra

https://GSoBEE.org/contact

2208 Tercer río más caudaloso del mundo

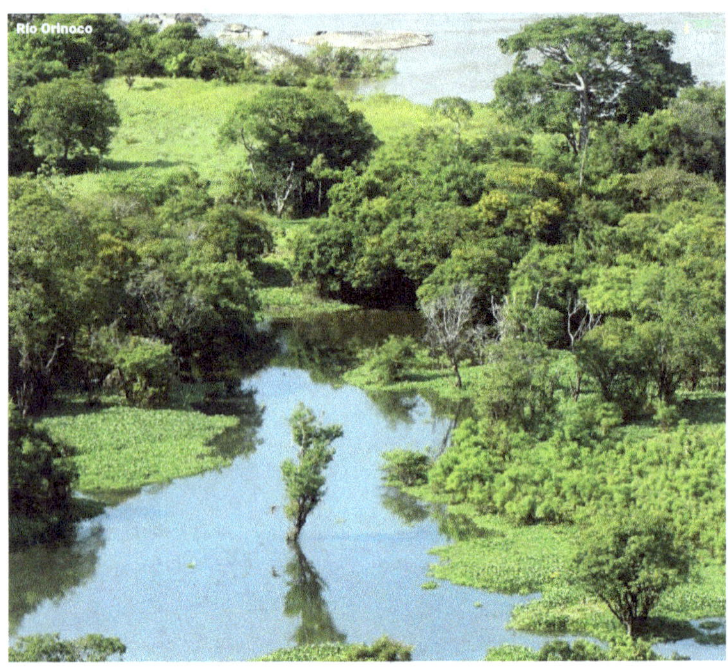

**Tercer río más caudaloso del mundo.
Recorre 2.800 kilómetros**

https://GSoBEE.org/contact

2209 Riquezas enormes

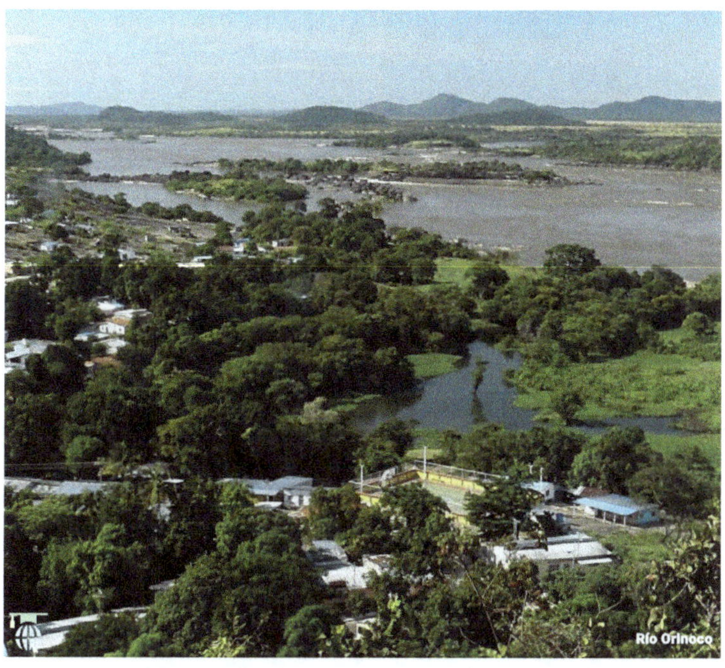

Riquezas: energía; transporte de hierro, hidrocarburos, oro, aluminio, forestal...

https://GSoBEE.org/contact

14

2.3 Gigantes de la naturaleza

2310 Pico Bolívar

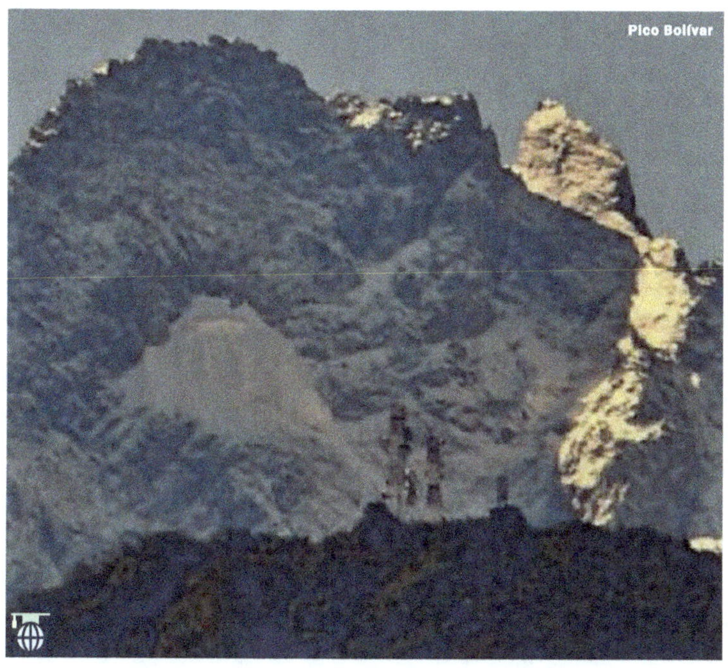

Accidente geográfico más alto de Venezuela, 5.007 m. s. n. m.

https://GSoBEE.org/contact

2311 Cerro El Indio

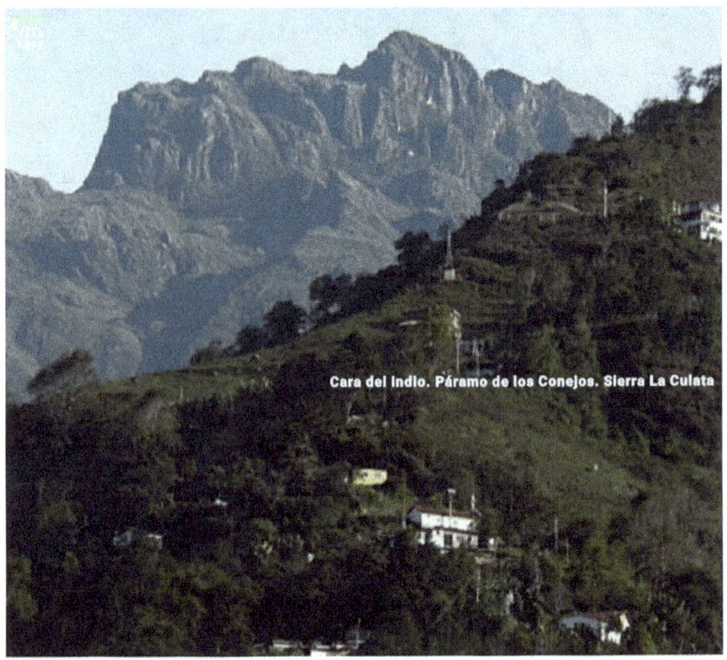

Leyenda: Si el indio busca su india en la montaña opuesta, la ciudad desaparece

https://GSoBEE.org/contact

2312 Cerro Matasiete

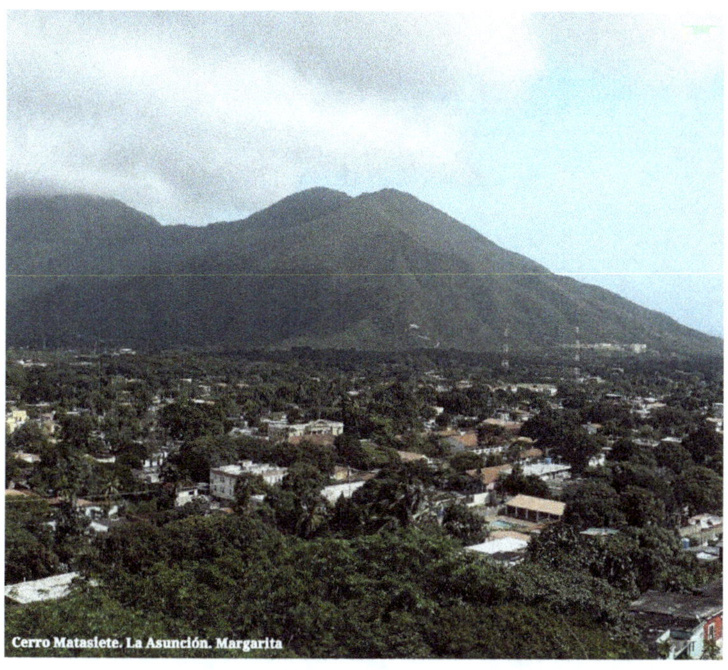

Corona el Valle del Espíritu Santo, playa Guacuco y gastronomía local

https://GSoBEE.org/contact

18

2.4 Atardeceres

2413 Colores reflejados

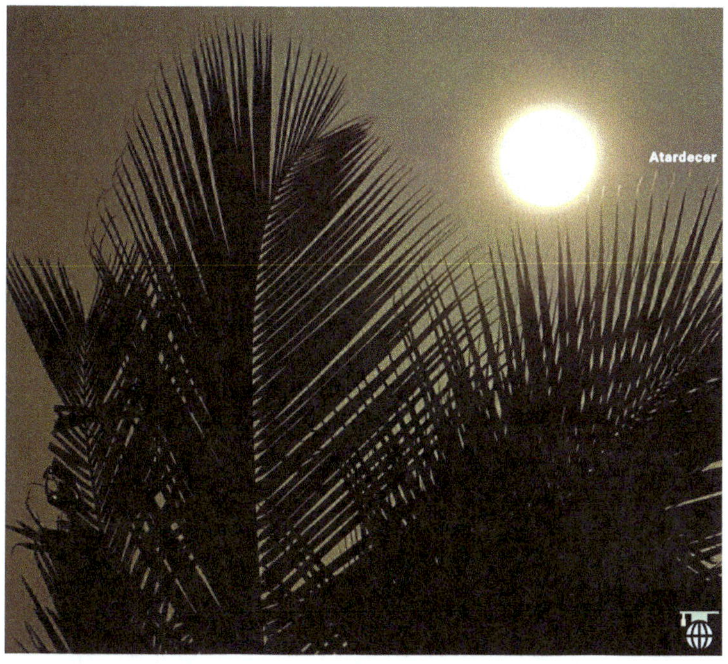

Los colores se reflejan en la fronda

https://GSoBEE.org/contact

2414 Navegando al sol

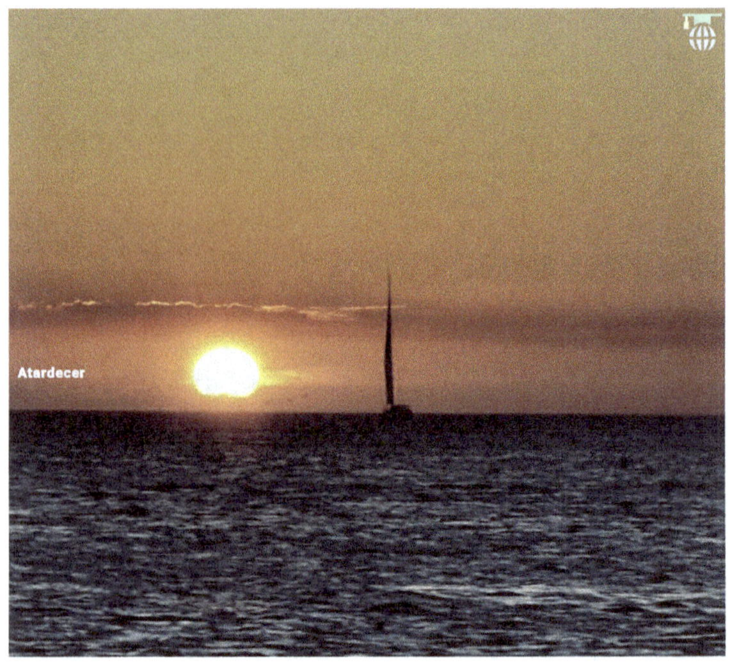

Navegando hacia el sol

https://GSoBEE.org/contact

2415 Pescadora modelo

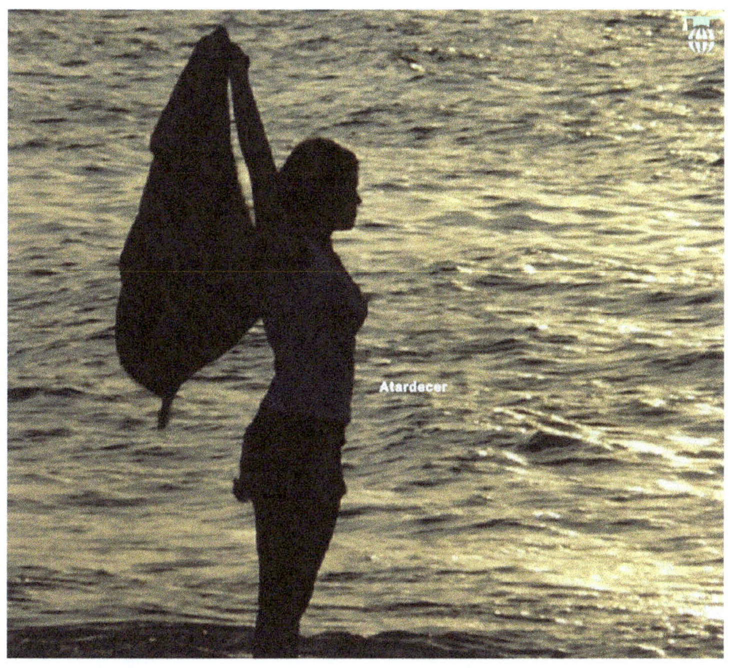

**El fotógrafo convierte a la pescadora
en una modelo extraordinaria**

https://GSoBEE.org/contact

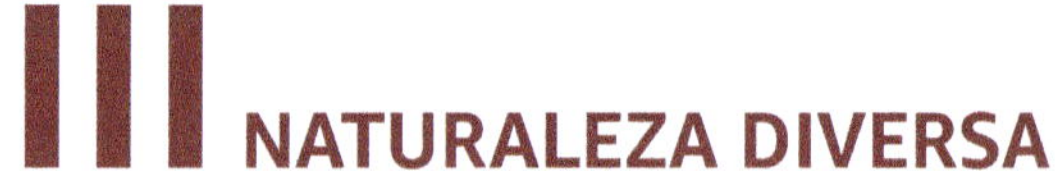

NATURALEZA DIVERSA

3.1 Alimentan cuerpo y alma

3116 Diente de leeón

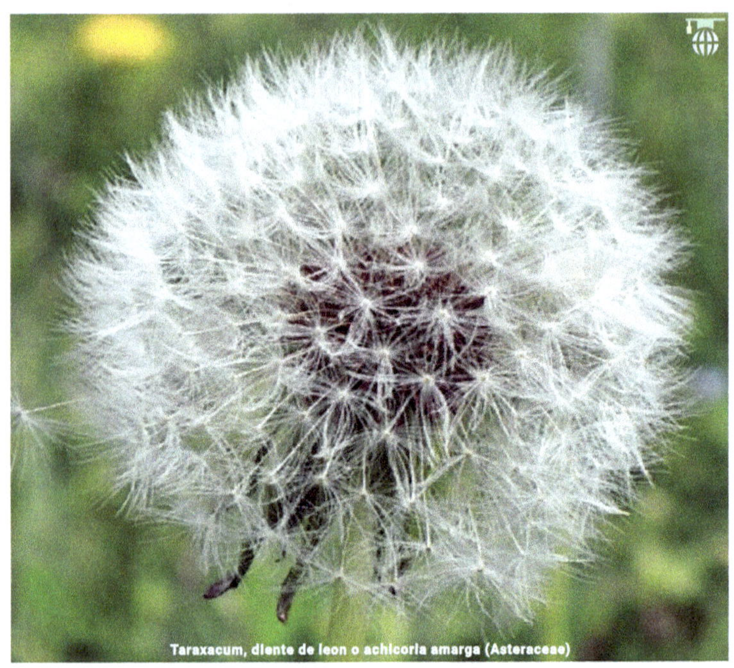

**Silvestre. Toda comestible. Mundial.
Varias propiedades medicinales**

https://GSoBEE.org/contact

3117 Rosa roja

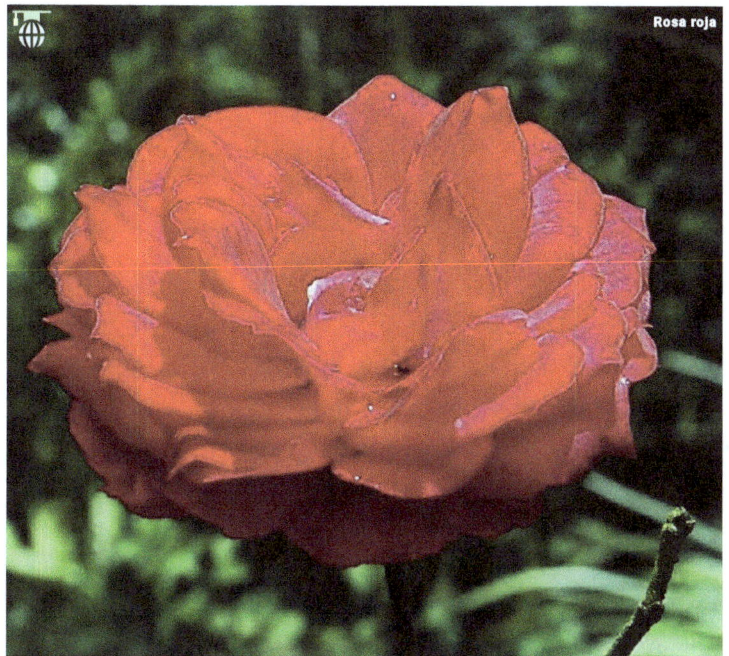

Significan amor, flechazo, pasión, lazos, amistad, celebración y mucho más

https://GSoBEE.org/contact

3118 Flor amarilla

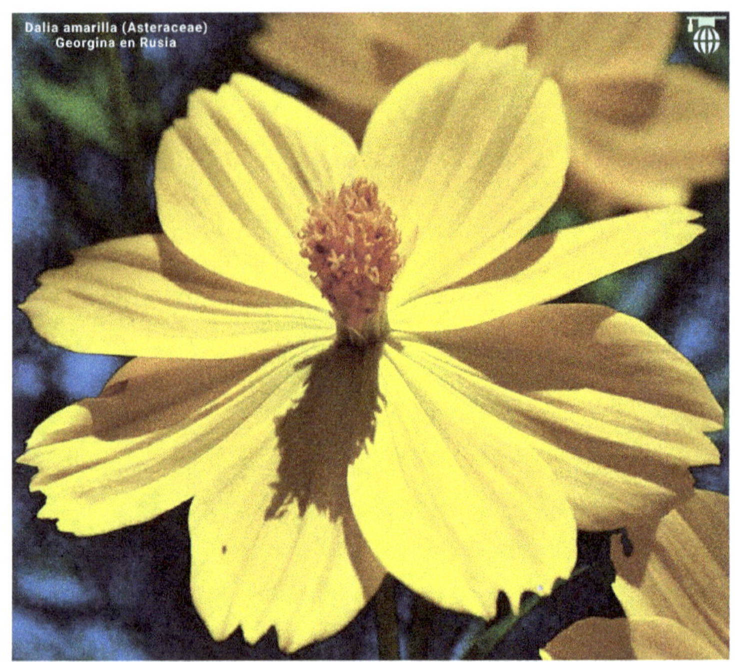

**Flor nacional de México y Rusia.
Raíces comestibles y medicinales**

https://GSoBEE.org/contact

3.2 No convencionales

3219 Platanillo rojo

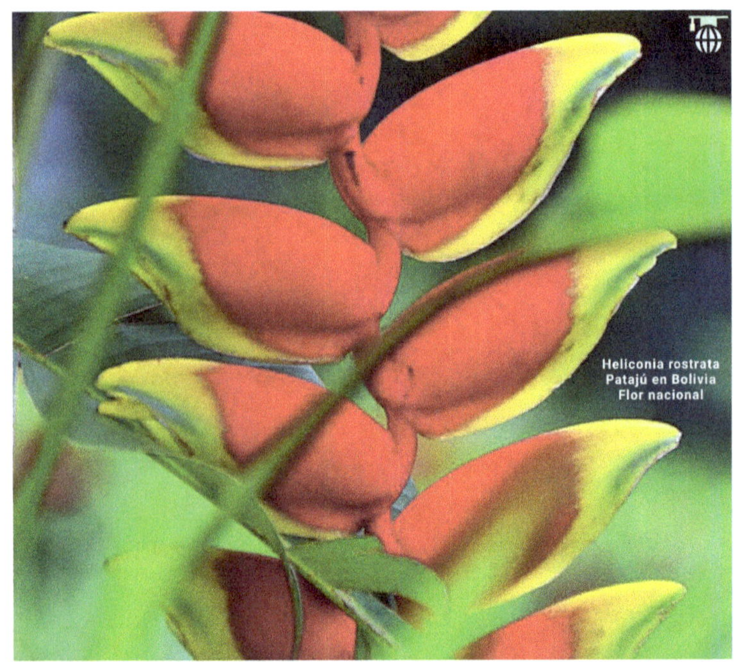

Protegen las fuentes de agua
y son vitales para la reforestación

https://GSoBEE.org/contact

3220 Bastón de San José

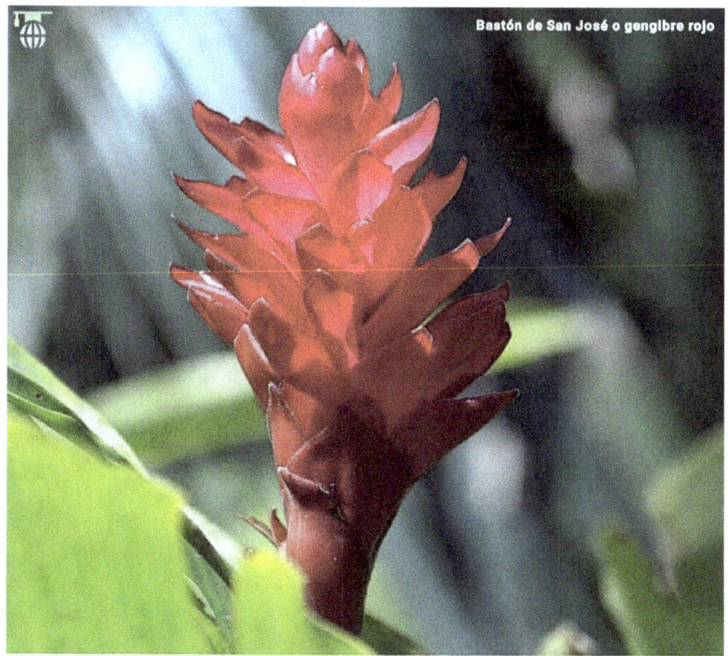

Uso: ornamental, medicina natural, aderezo y conservación de cauces

https://GSoBEE.org/contact

3221 Ave del paraíso

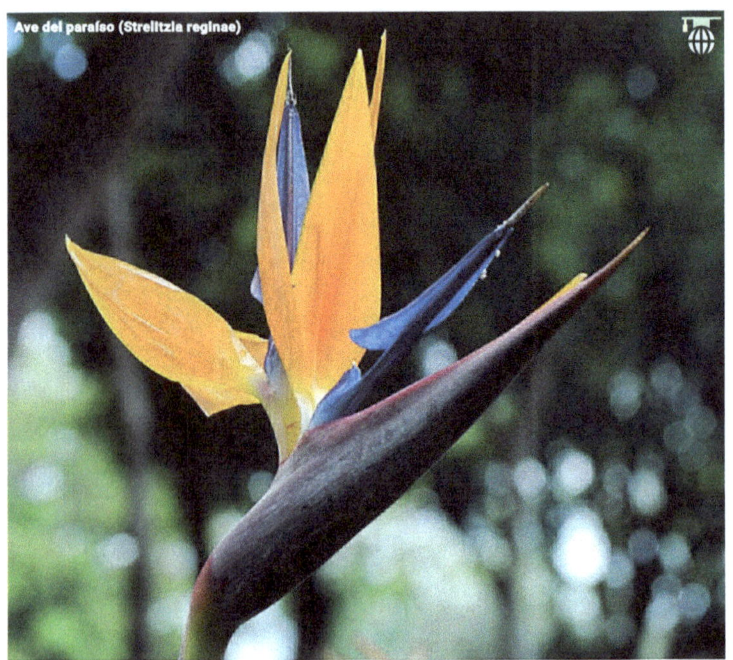

**Extenso uso ornamental debido a su flor
Requiere tres horas de sol**

https://GSoBEE.org/contact

3.3 Bellas y peligrosas

3322 Cala roja

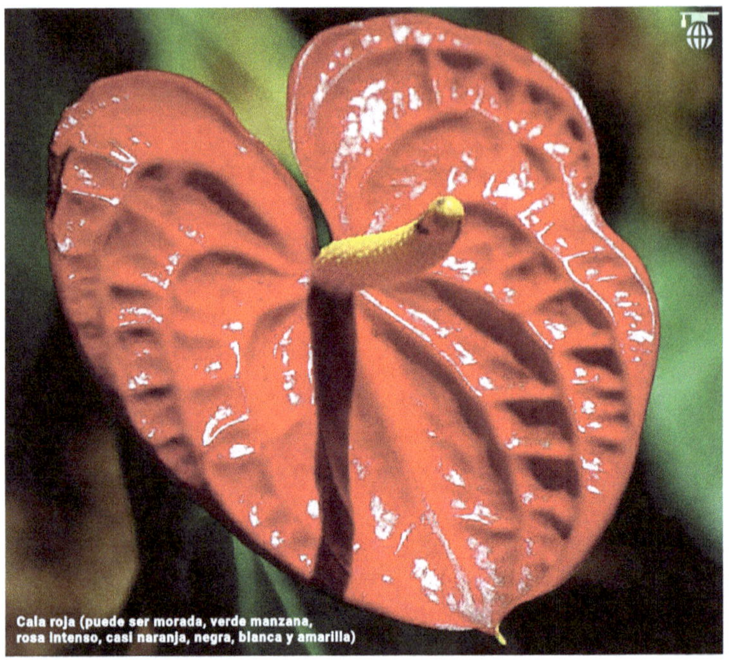

**Venenosa. Savia irritante para piel y ojos
Se usa como planta de interior**

https://GSoBEE.org/contact

3323 Lirio de agua

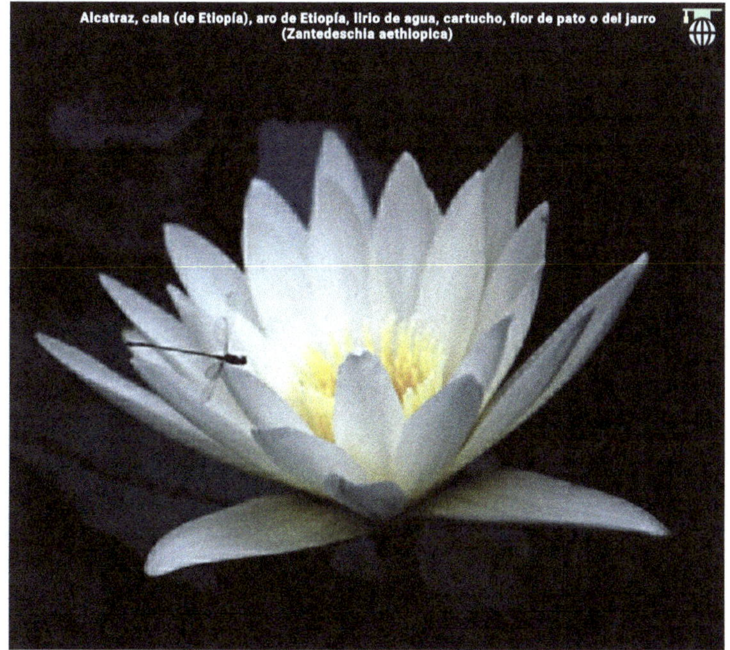

**De África. Tropical. Tóxica y maleza.
Ornamental y para eliminar algas**

https://GSoBEE.org/contact

3324 Cosmos rosado

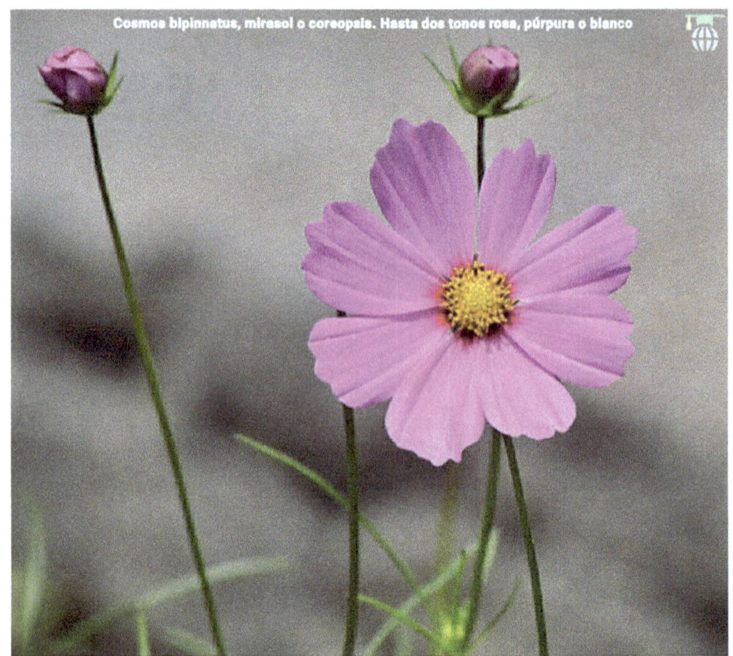

**Asteraceae mexicana. Listada invasiva
Abunda en Norteamérica**

https://GSoBEE.org/contact

3.4 Reflejos deslumbrantes

3425 Dama de noche

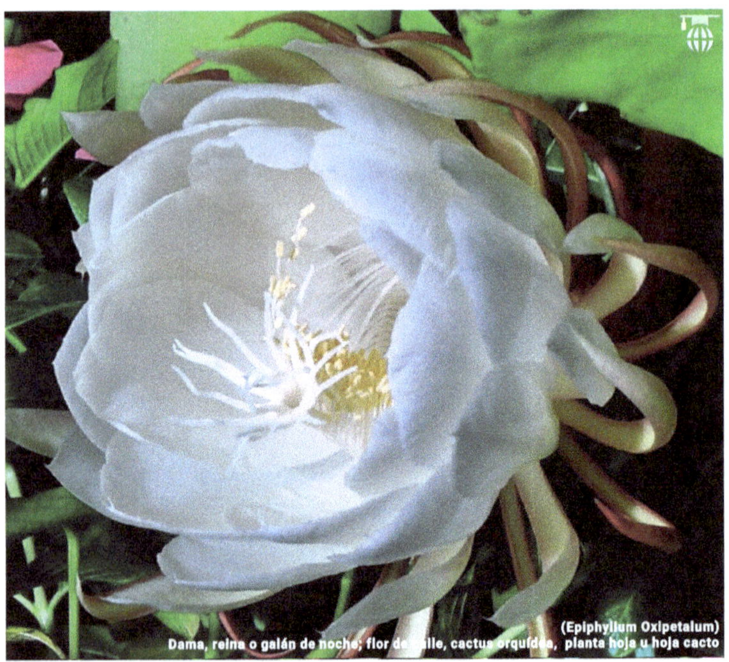

Planta epífita ornamental del trópico mundial. Su flor dura una noche

https://GSoBEE.org/contact

3426 Cayena amarilla

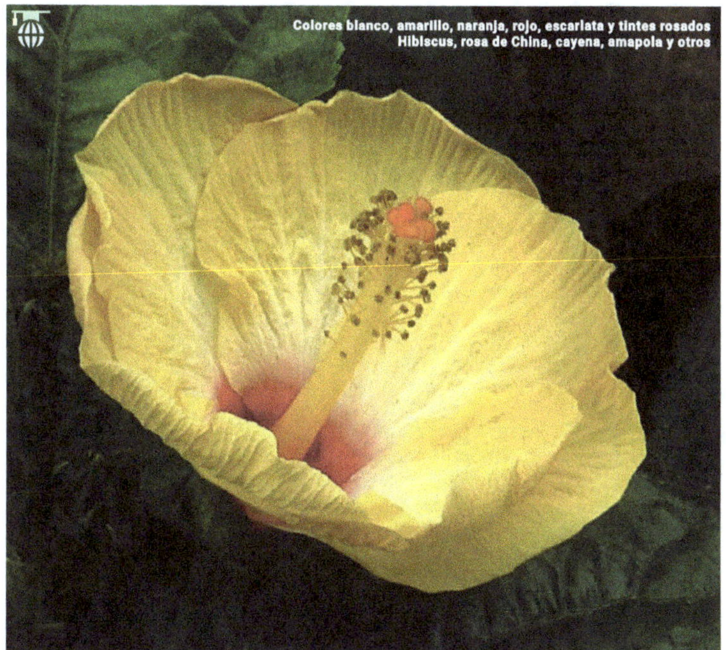

Usos ornamento, alimenticio y medicinal
Símbolo de varios países y ciudades

https://GSoBEE.org/contact

3427 Bromelia

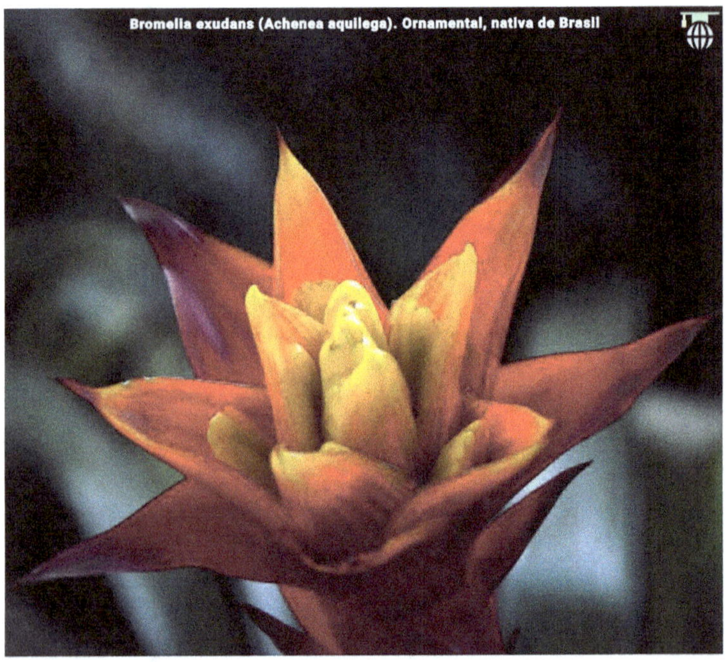

Terrestre-epífita, vive de 0 a 700 metros en el norte de Suramérica y Costa Rica

https://GSoBEE.org/contact

IV EN EL BOSQUE

4.1 Árboles en flor

4128 Araguaney

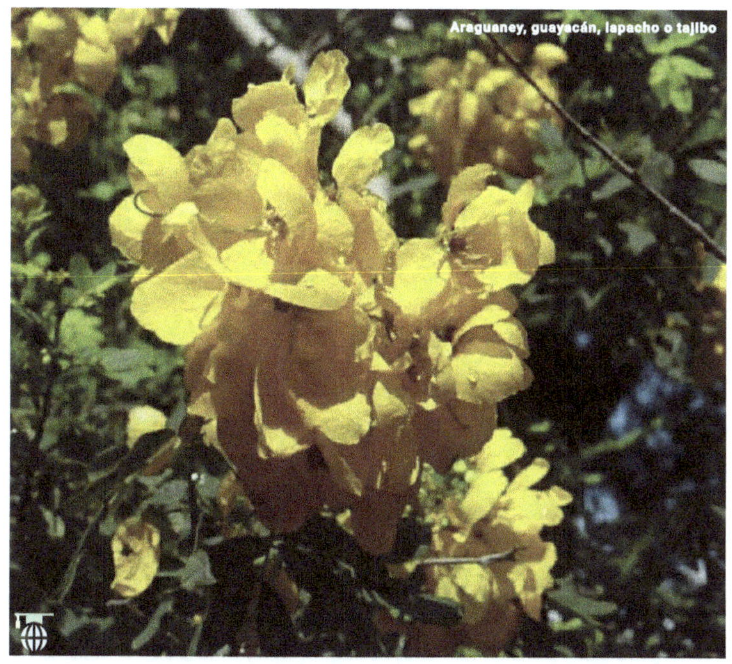

Árbol nacional de Venezuela. Especie protegida con flores de gran belleza

https://GSoBEE.org/contact

4129 Flamboyán

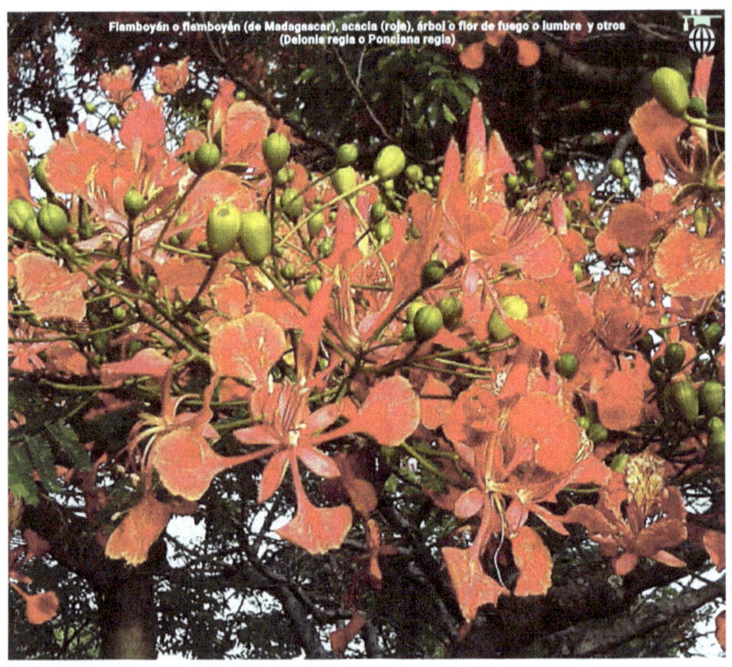

De Madagascar al trópico. Ornamental, exótico e invasor por umbrío. Multiuso

https://GSoBEE.org/contact

4130 Fuschia

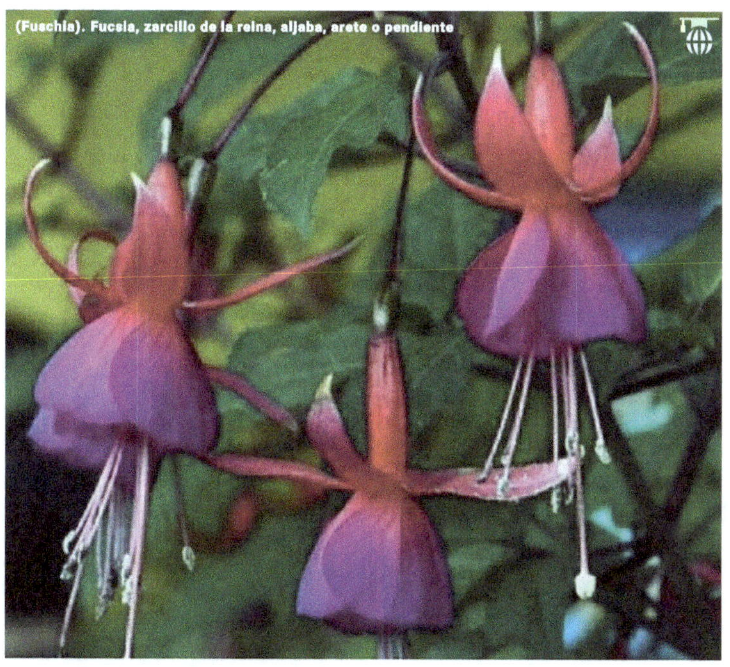

**Honra al botánico L. Fuchs (s. XVI)
Ornamental. Atrae a los colibríes**

https://GSoBEE.org/contact

4.2 Árboles del pasado

4231 Helecho arbóreo

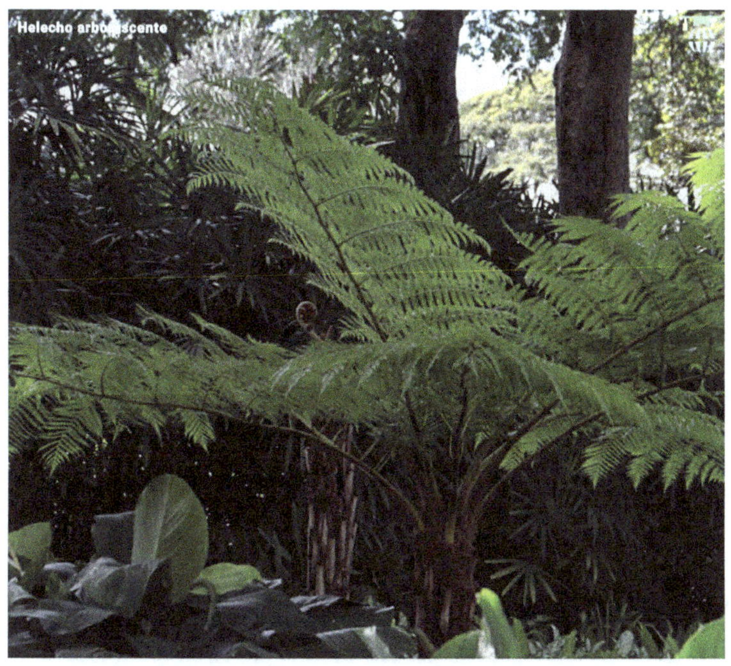

Desde hace siglos bajo la sombra
en bosques húmedos y cálidos

https://GSoBEE.org/contact

4232 Brontex

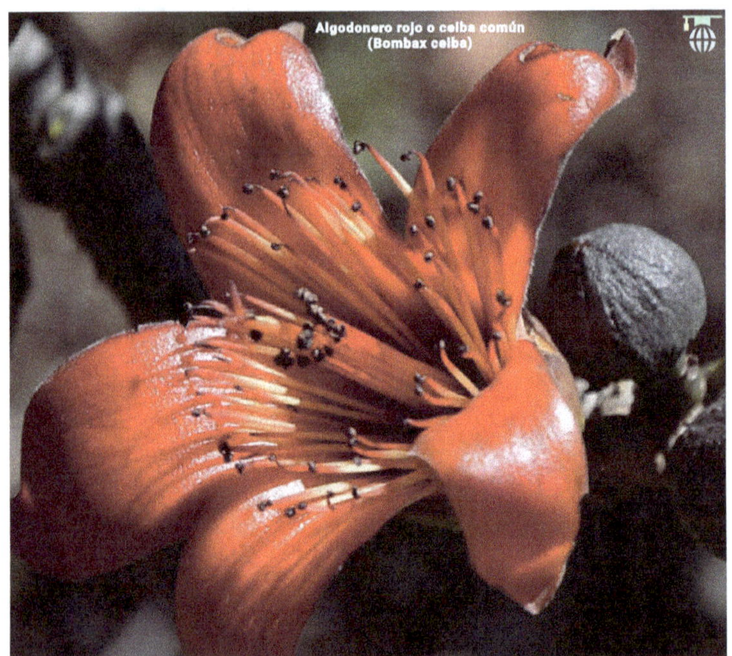

**Árbol venerado desde la antigüedad.
Sus flores brotan antes que sus hojas**

https://GSoBEE.org/contact

4233 Palma Sagú

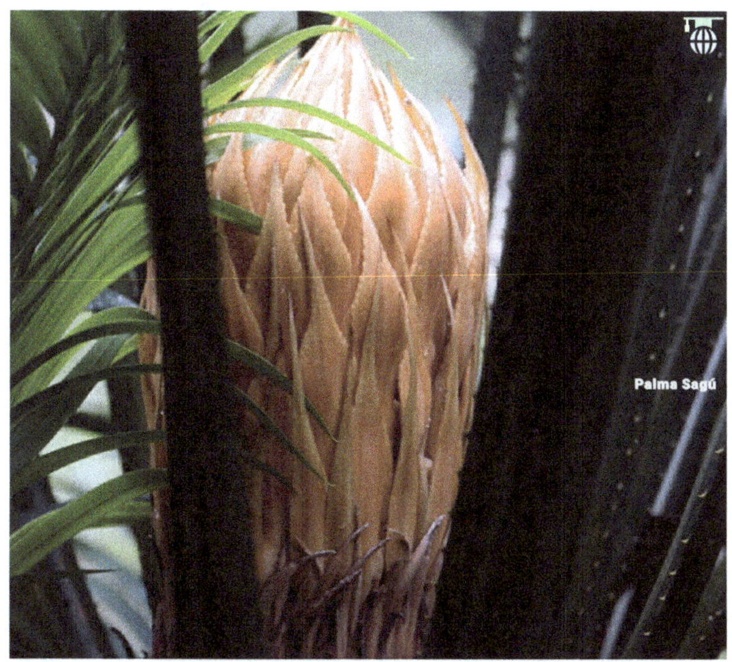

Palma prehistórica para para paredes, techos, balsas y almidón alimenticio

https://GSoBEE.org/contact

48

4.3 Bosques caribeños

4234 Cocotero

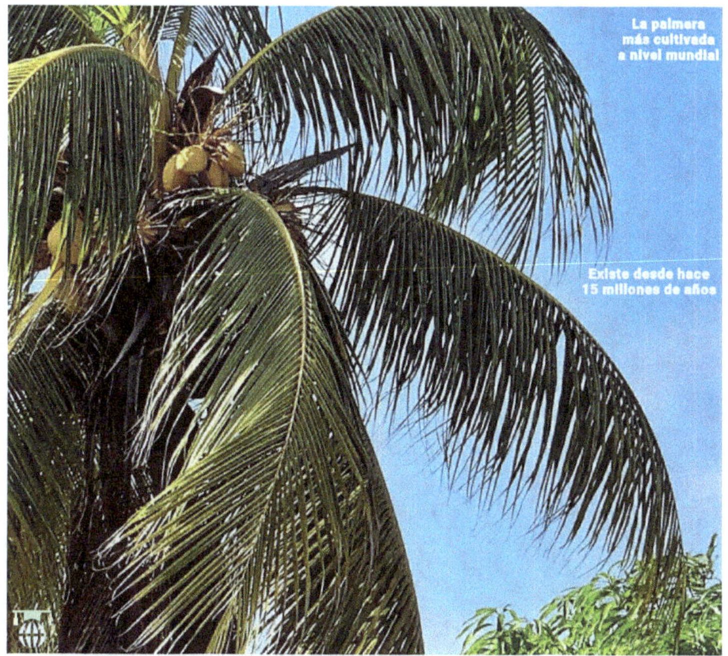

**Antigua planta que produce desde agua
y vino hasta madera, aceite y jabón**

https://GSoBEE.org/contact

4335 Flor de cují

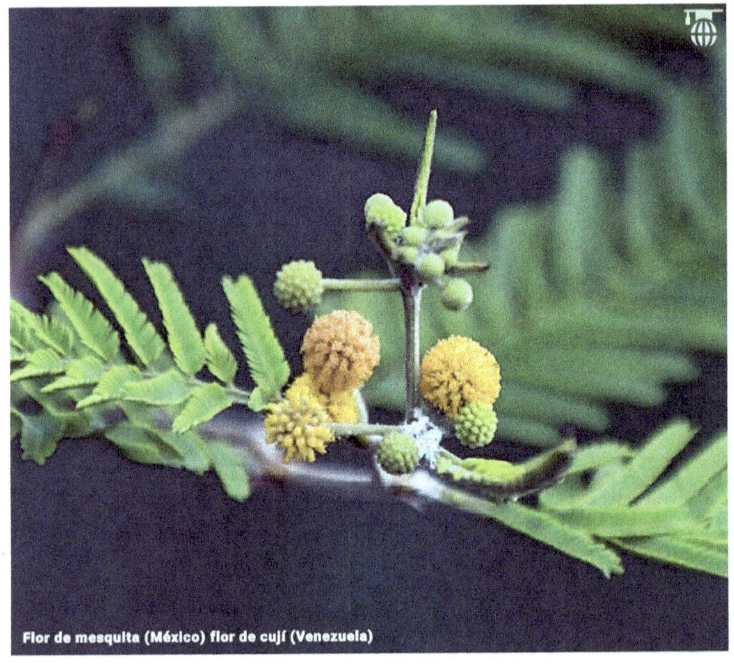

Madera usada para carpintería y ebanistería. Savia como goma arábiga

https://GSoBEE.org/contact

4336 Sabana caribeña

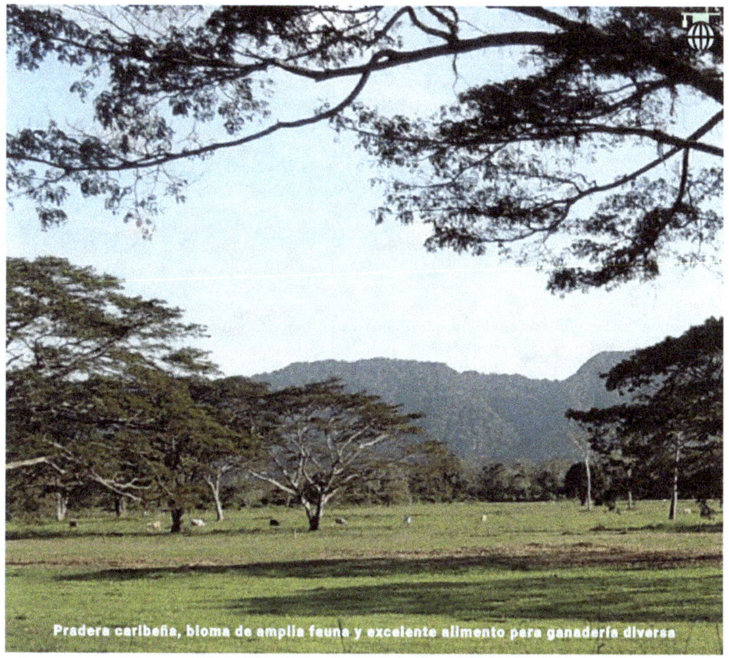

**Sabana del pie montano,
fértil y productiva**

https://GSoBEE.org/contact

52

4.4 A la sombra de los árboles

4437 Begonia blanca

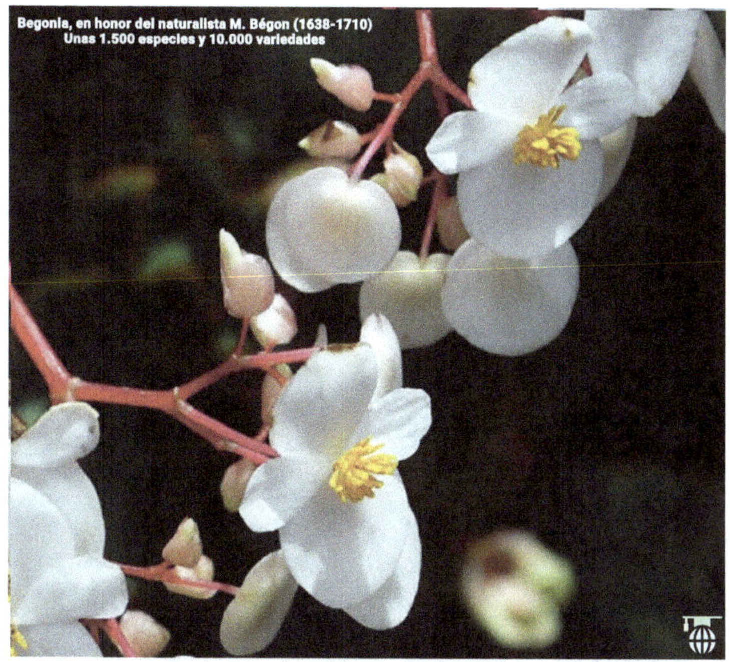

**Bellas y variadas. No resisten el frío
Comercio global para jardinería**

https://GSoBEE.org/contact

4438 Orquídea

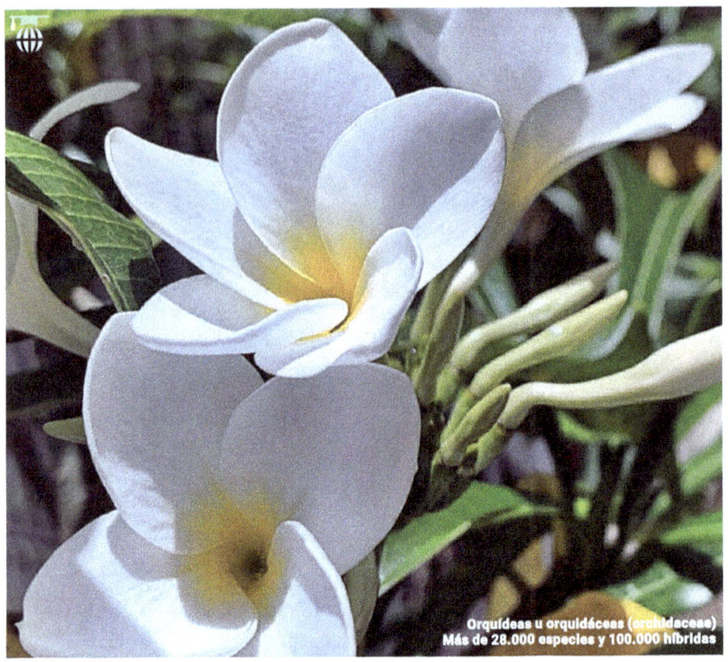

**Orchis, testículos por sus tubérculos
Maravilla que se cultiva desde el 500 a. C.**

https://GSoBEE.org/contact

4439 Lirio araña

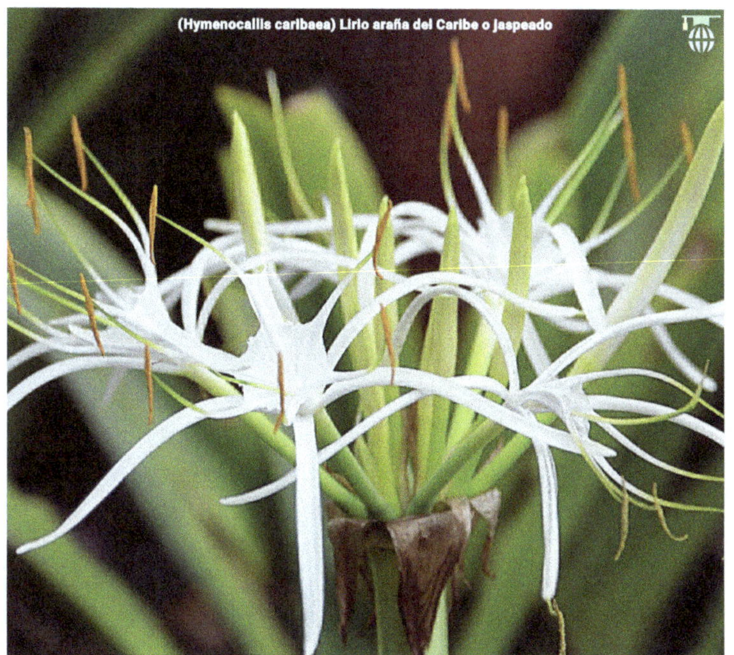

**Hymenocallis (membrana hermosa)
Corona estaminal o centro de la flor**

https://GSoBEE.org/contact

V
FAUNA SORPRENDENTE

5.1 Mariposas

5140 Mariposa lila

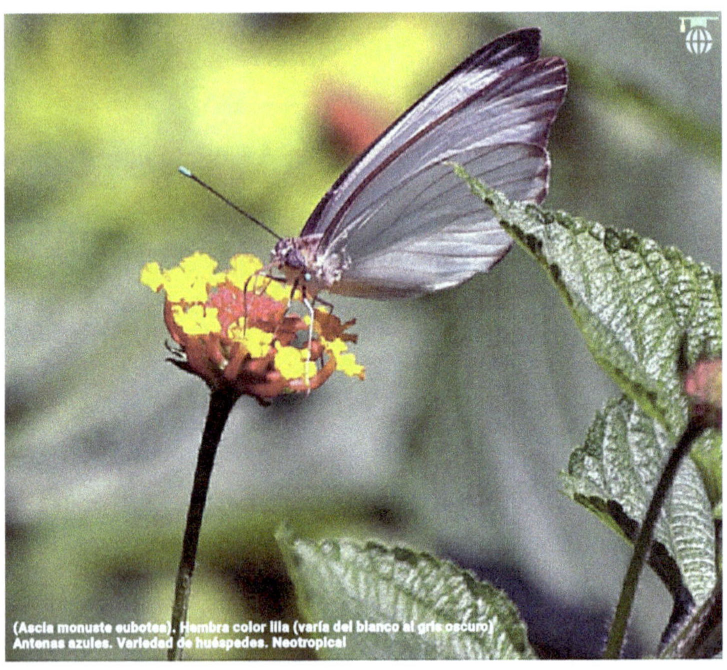

Neotropical. Reportada en 25 países desde Estados Unidos hasta Argentina

https://GSoBEE.org/contact

5141 Mariposa blanca

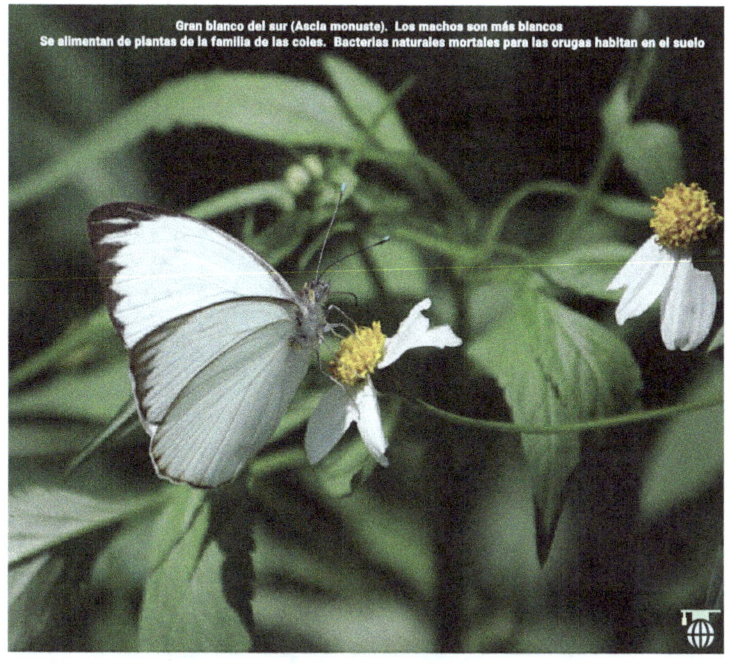

**Habitan en EE. UU. Costa sureste
Puntas de las antenas azul celeste**

https://GSoBEE.org/contact

5142 Mariposa escarlata

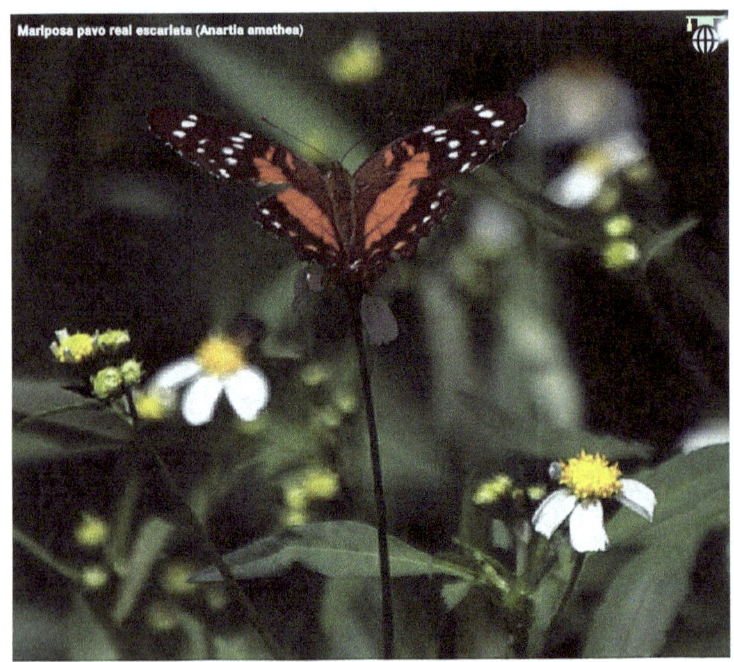

**Principalmente en Suramérica
Ninfálida. Se alimenta de néctar**

https://GSoBEE.org/contact

61

5.2 Aves

5243 Colibrí

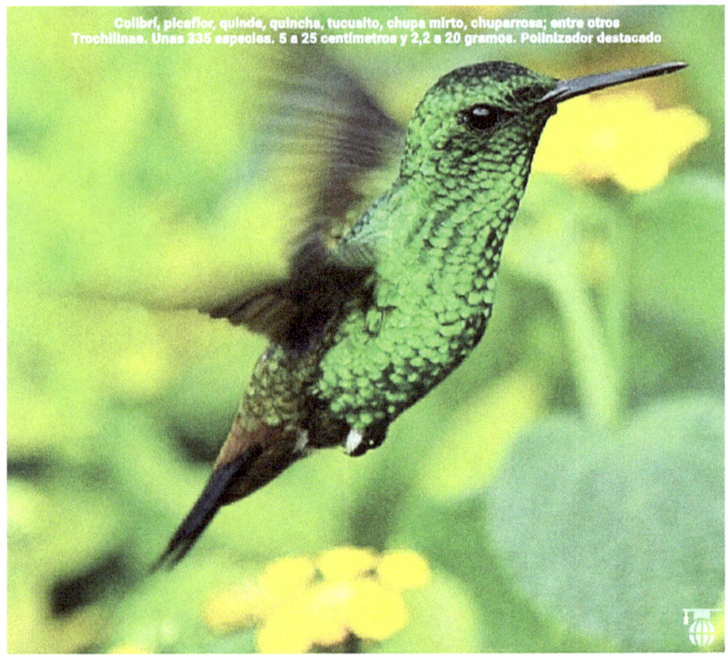

**En todos los ecosistemas de América
Sus alas llegan a 200 veces por segundo**

https://GSoBEE.org/contact

5244 Flamencos

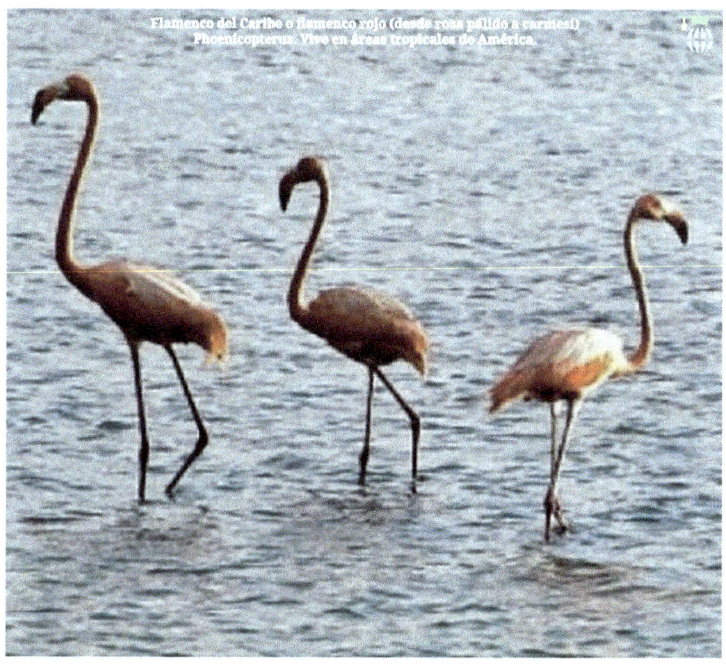

Hasta 1.40 metros y 3 kilos. Monógamos
Conviven, duermen y comen juntos

https://GSoBEE.org/contact

5245 Garza blanca

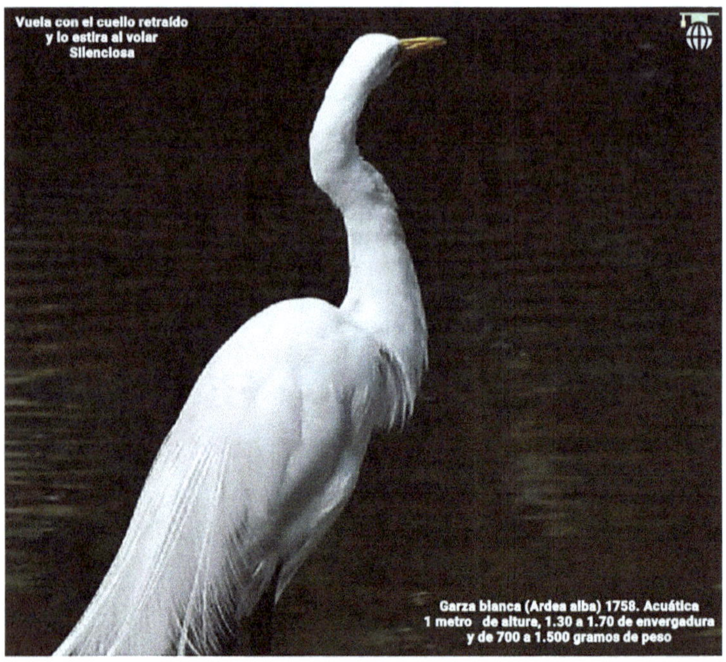

**Global. Ilustra monedas y billetes
Titula un poema del Nobel Derek Walcott**

https://GSoBEE.org/contact

65

5.3 Del agua a la tierra

5346 Tortuga

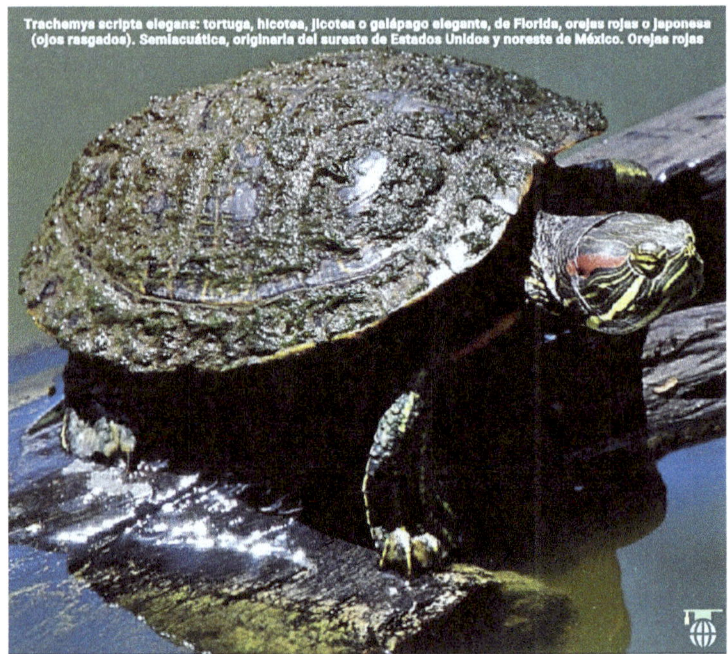

**Mascota más comercializada del mundo
y de las 100 exóticas más dañinas**

https://GSoBEE.org/contact

5347 Nutria gigante

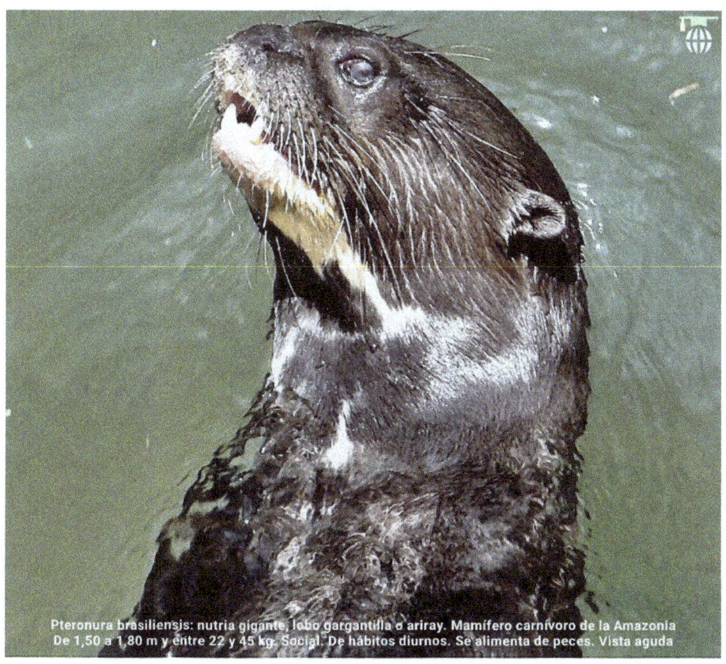

En peligro de extinción. Mayor amenaza, el ser humano por su piel y su habitat

https://GSoBEE.org/contact

5348 Lagartija Gecko

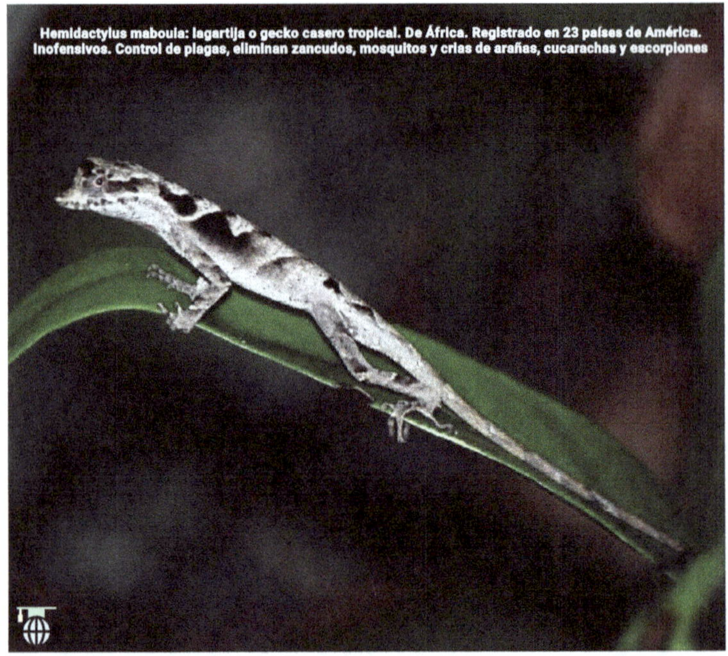

Inmerecida repulsión. No contagian ni agreden. Regeneran su cola (autotomía)

https://GSoBEE.org/contact

5.4 Hogar, pradera y selva

5449 Husky Siberiano

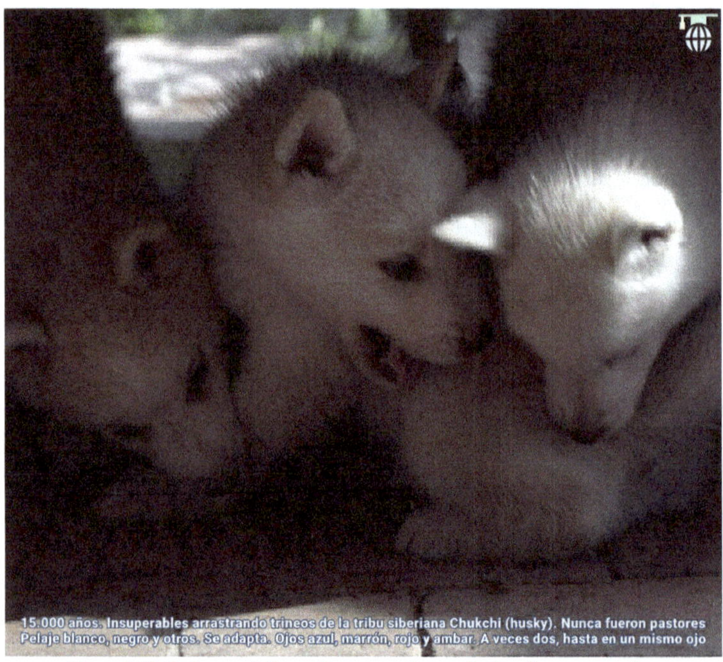

**En 1904 a Alaska y de ahí al mundo
Al cuidar niños, entrenados, son notables**

https://GSoBEE.org/contact

5450 Ganado vacuno

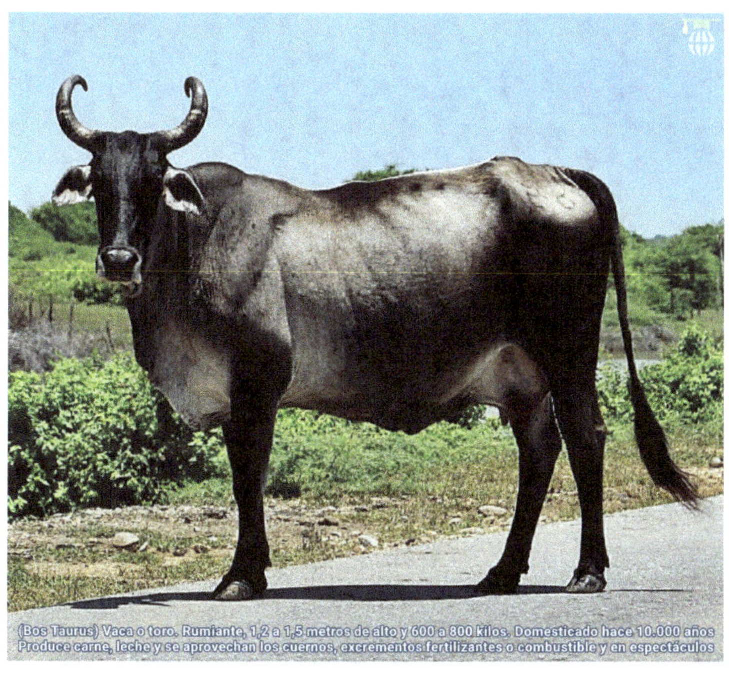

8.868 millones de cabezas (2018). 1. India, 2. China, 3. Brasil y 4. Estados Unidos

https://GSoBEE.org/contact

5451 Jaguar

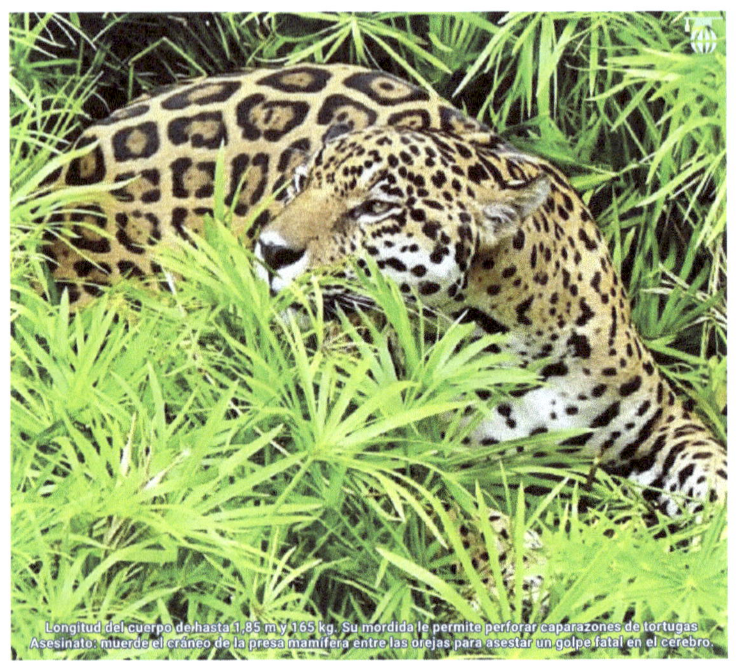

**Única especie de pantera americana viva
Es la tercera más grande del mundo**

https://GSoBEE.org/contact

VI NATURALEZA: MUCHO MÁS

6.1 Flores

6152ES Flor amarilla

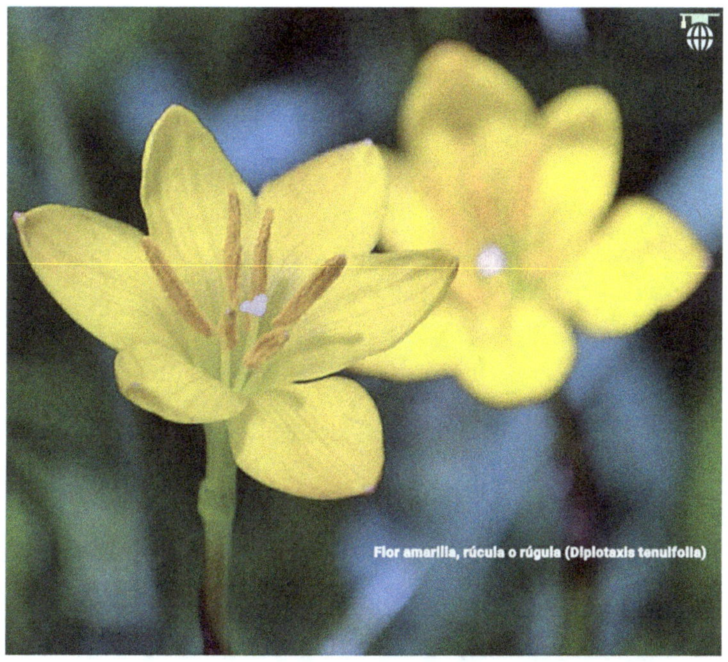

Sus hojas se usan en ensaladas (rúgula) y sus raíces como brotes

https://GSoBEE.org/contact

6153 Orquídea híbrida

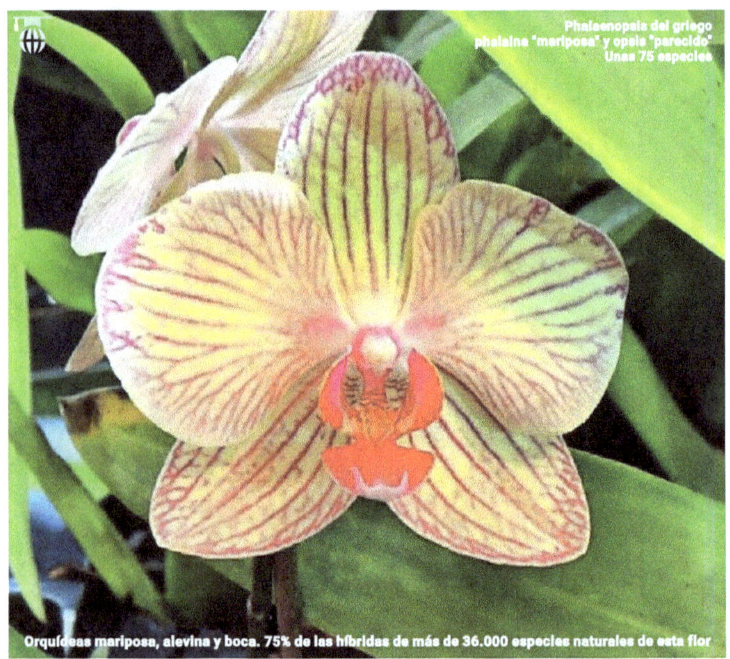

**Fáciles de cultivar. Comercio global
Variados colores por hibridación**

https://GSoBEE.org/contact

6154 Lirio de agua

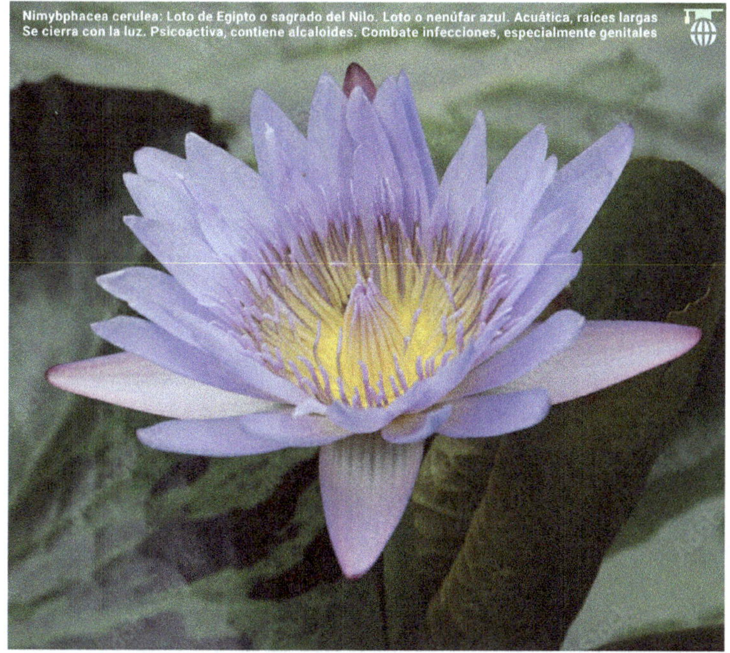

**Se usa en perfumería y aromaterapia
Mitológica. Planta lotófaga de la Odisea**

https://GSoBEE.org/contact

6.2 Frutos

6255 Naranjas

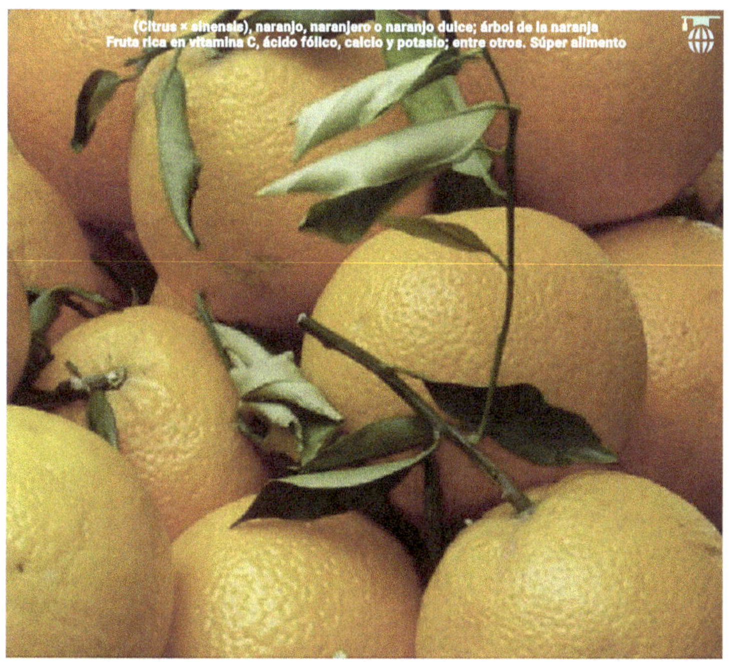

**Más de 70 millones de toneladas en 2020
Brasil (22%), India, China y USA el 52%**

https://GSoBEE.org/contact

6256 Maíz

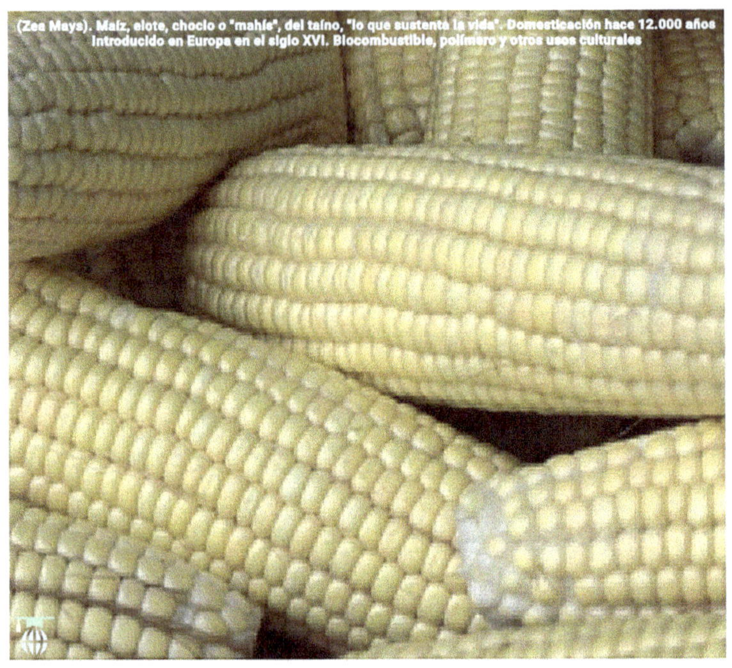

**1.217 megatons. USA 354 y China 274, 52%
Cereal más cultivado, luego arroz y trigo**

https://GSoBEE.org/contact

6257 Piña

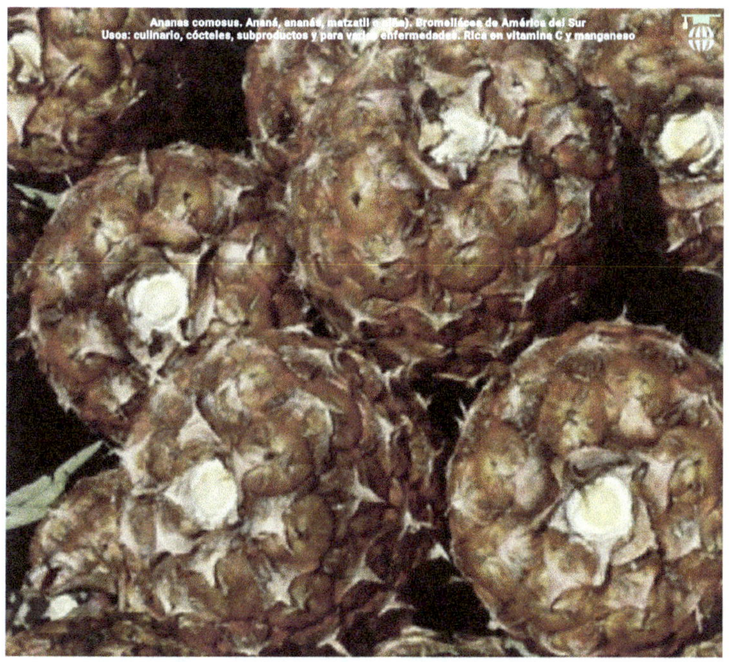

Bromelina: autofagia carcinoma mamario y apoptosis (evita el cáncer). Medicinal

https://GSoBEE.org/contact

6.3 Climas

6358 Invierno

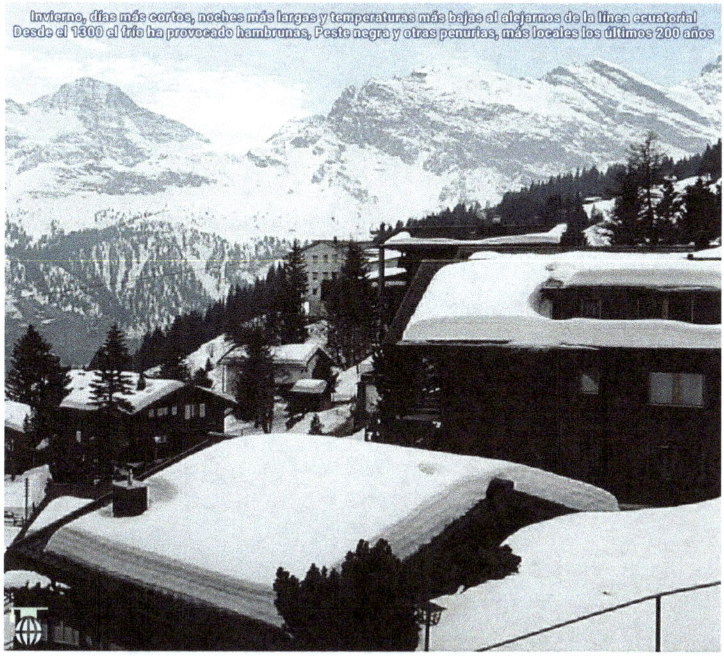

Jungfrau (doncella), Suiza Patrimonio de la Humanidad. Mirador más alto de Europa

https://GSoBEE.org/contact

6359 Otoño

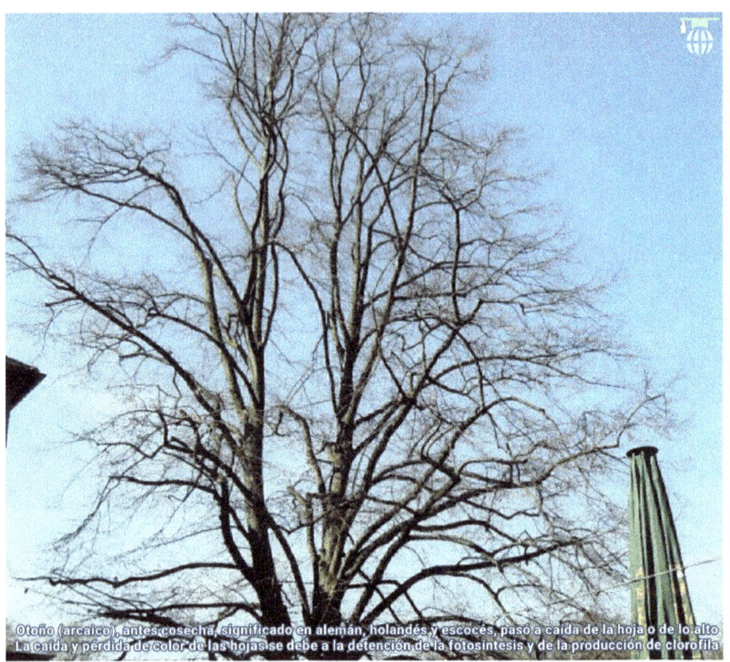

La caída de las hojas cautiva en Speyer, Alemania y en ciudades del mundo entero

https://GSoBEE.org/contact

6360 Primavera

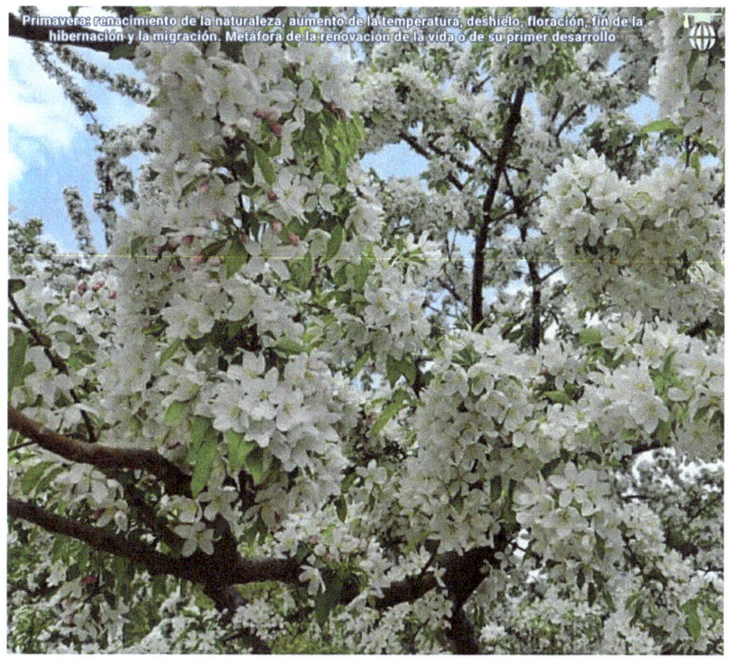

La cerezos en flor anuncian que llegó la primavera en Washington, Murcia y Japón

https://GSoBEE.org/contact

6.4 Playas

6361 Cayo Muerto

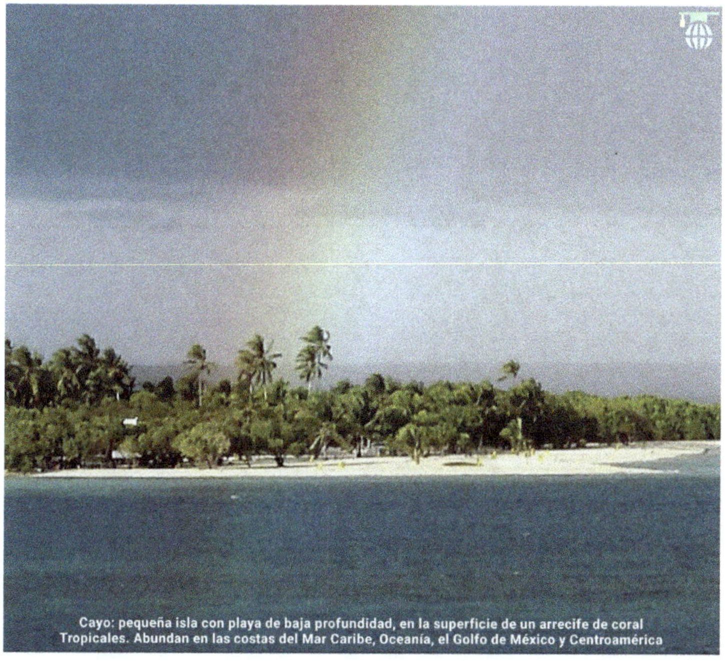

Cayo: pequeña isla con playa de baja profundidad, en la superficie de un arrecife de coral
Tropicales. Abundan en las costas del Mar Caribe, Oceanía, el Golfo de México y Centroamérica

Cayó Muerto, Morrocoy, Venezuela, donde los indígenas llevaban a sus víctimas

https://GSoBEE.org/contact

6462 Los Roques

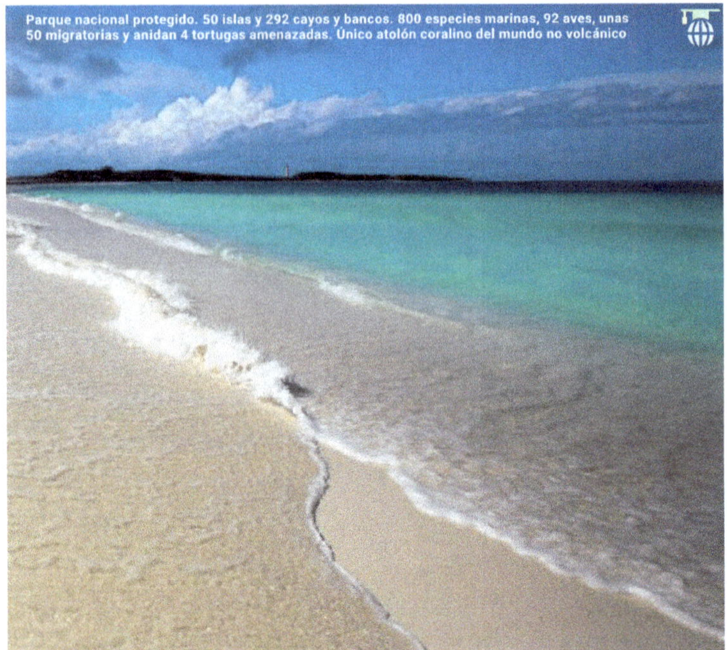

Los Roques, con arrecifes de coral más diversos y mejor conservados del Caribe

https://GSoBEE.org/contact

6463 Lago Martiánez

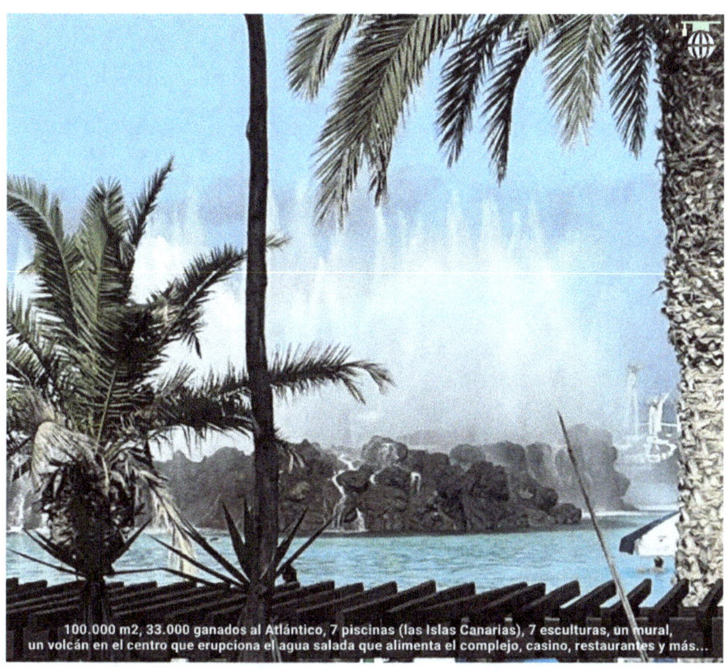

El mayor museo de arte contemporáneo al aire libre con piscinas en Europa

https://GSoBEE.org/contact

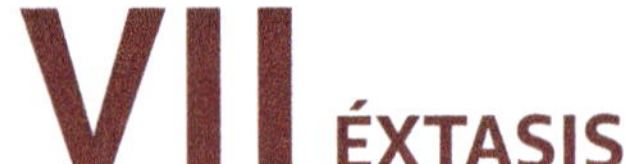

VII ÉXTASIS

7164 Torre de vigilancia

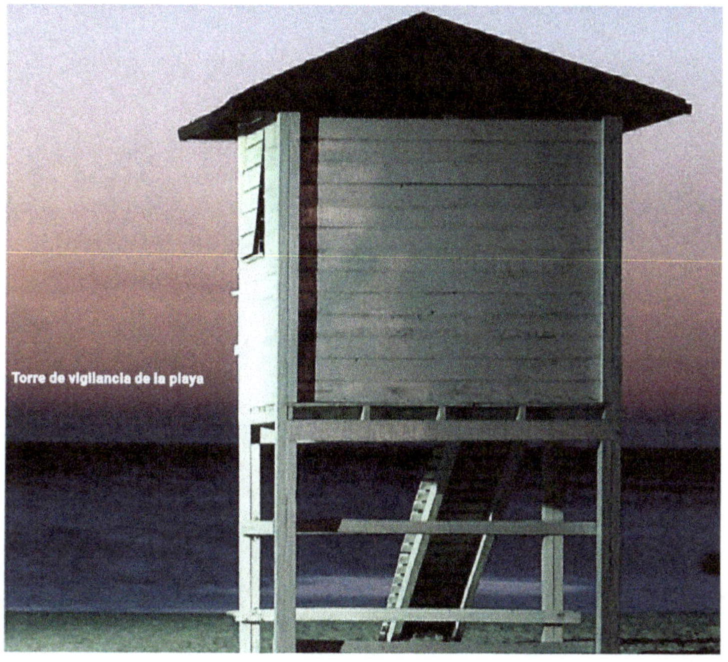

Cuidar...

https://GSoBEE.org/contact

7165 Cabañas

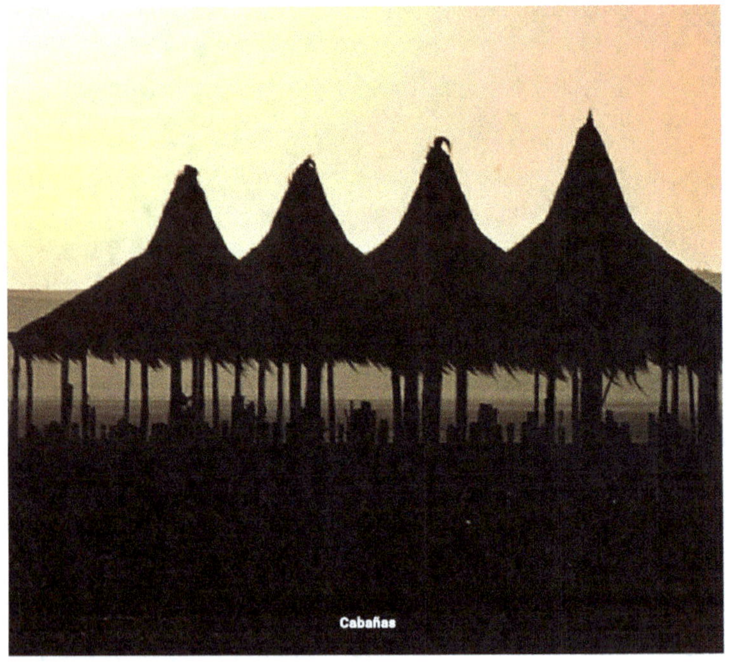

Reflexionar y descansar...

https://GSoBEE.org/contact

7166 Fin de faena

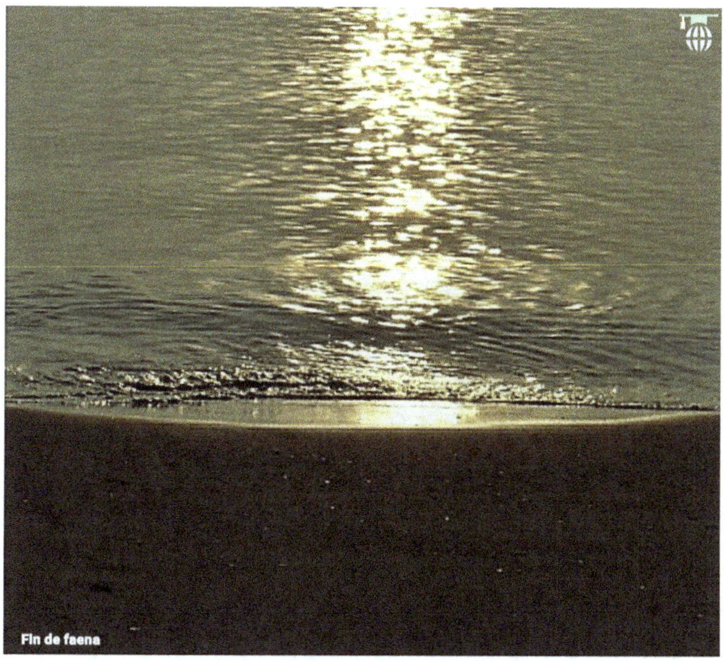

MISIÓN CUMPLIDA!!!

https://GSoBEE.org/contact

7167 Amanecer

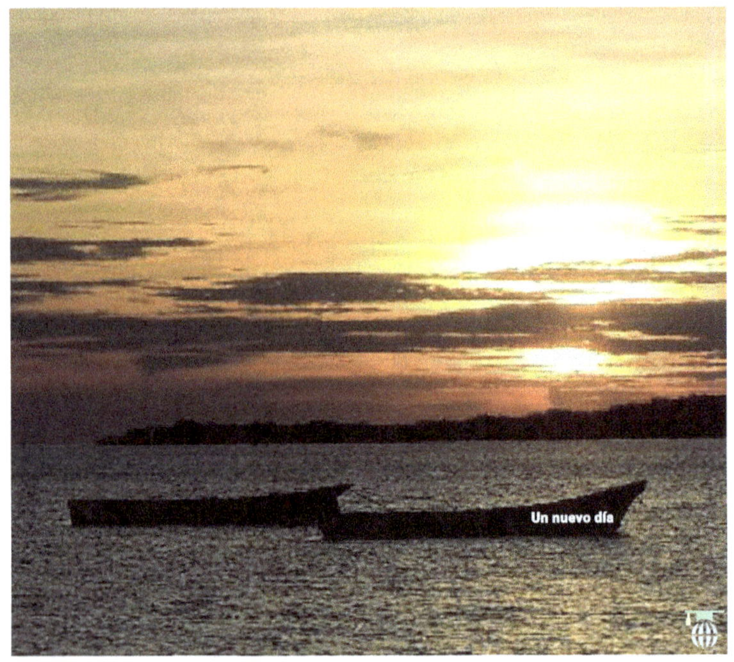

EMPEZAR DE NUEVO...

https://GSoBEE.org/contact

ABOUT THE AUTHOR

Pedro E. Gutiérrez Leal

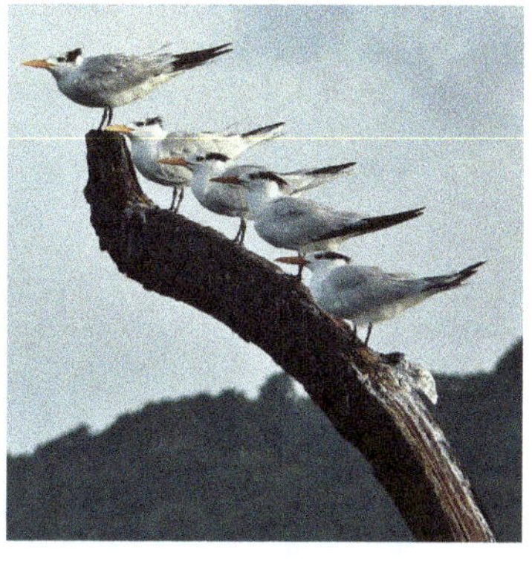

Disfrutar las más de 10.000 extraordinarias imágenes atesoradas tras un largo y fructífero quehacer por este Ingeniero Agrónomo e Investigador por la Universidad de la Sorbona (o el Fotógrafo, título que le encanta), ha sido un privilegio. Seleccionar 65 obras de arte para el prefacio y las 22 secciones de este precioso libro e intentar que transmitan un mensaje e inviten a reflexionar sin quitar el protagonismo a la NATURALEZA SEDUCTORA fue todo un reto y un verdadero placer. Nos encantaría que una o varias de estas imágenes engalanen tu hogar, oficina o sitio web.

LOS EDITORES

NOTAS

[1] **Angely, Suzanne y Barraudaud, Jean**. *Beautés du monde. L'Amérique du Sud atlantique: Le Venezuela.* Los Nevados. p. 6 y 7. Larousse, París, 1980.

[2] **Montero González, Osjanny.** Diarios mandarina. Escritos de Suramérica a Cuba. Así se construyeron Los Aleros,... Libro electrónico. Editorial Urano. España, 2021.

[3] **Pérez-Bonalde Pereira, Juan Antonio.** Estrofas. 40 poemas. Fragmento de Vuelta a la patria. Pr'incipe. Nueva York, 1877.

[4] Gronet, Marlo. (6 de febrero de 2022). Lago Martiánez. Puerto de la Cruz, Tenerife 4K. MagrosWelt.
https://m.youtube.com/watch?v=O2uABebw-DQ

9 789801 830580